DIBUJAR EN 10 PASOS

animales adorables

Título original: *10 Step Drawing – Cute Animals*

© 2025 Librero b.v. (edición española)
www.librero.nl

© 2024 Quarto Publishing plc

Editor: James Evans
Directora editorial: Isheeta Mustafi
Director artístico: James Lawrence
Coordinadora editorial: Jacqui Sayers
Técnico editorial sénior: Dee Costello
Editora del proyecto: Polly Goodman
Diseño: JC Lanaway

Producción de la edición española:
Traducción: Míriam Torras González
para Delivering iBooks & Design
Redacción y maquetación:
Delivering iBooks & Design, Barcelona

Distribución exclusiva de la edición española:
Librero IBP S. L.
C/ Paseo de los Olmos, n.º 20
Planta 1.ª, oficina 7
28005 Madrid, España
www.librero-ibp.es

Impreso en China
ISBN: 978-84-1154-050-6

Se han realizado todos los esfuerzos posibles para
garantizar que la información recogida en este libro
sea correcta. En caso de error u omisión al consignar los
derechos de autor de las imágenes incluidas en la obra,
Librero b.v. pide disculpas y se compromete a enmendar
la información en futuras ediciones del libro.

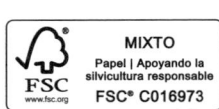

MIXTO
Papel | Apoyando la
silvicultura responsable
FSC® C016973

DIBUJAR EN 10 PASOS

animales adorables

CÓMO DIBUJAR MÁS DE 50 ANIMALITOS EN SOLO 10 PASOS

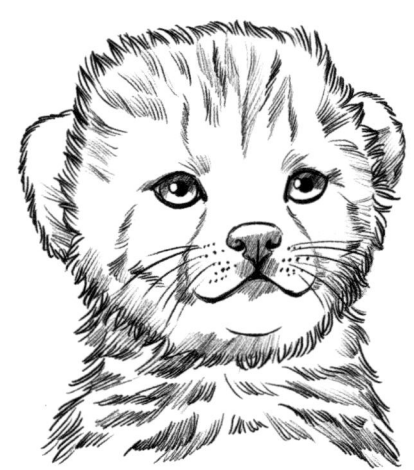

JUSTINE LECOUFFE

Librero

Índice

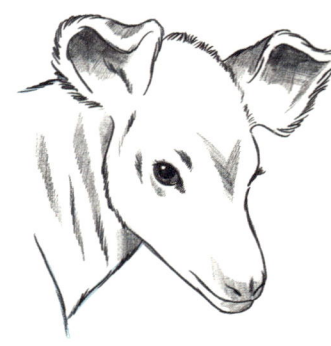

INTRODUCCIÓN..............................6
CÓMO USAR ESTE LIBRO.............7

⟫ Desiertos y sabanas

Gato de las arenas 10
Gundi 12
Serval 14
Jirafa 16
Dic-dic 18
Suricata..20
Zorro fénec...22
Wómbat..24
Cebra 26
Guepardo..28

⟫ Selvas y montañas

Ardilla voladora siberiana................32
Quokka 34
Tití emperador....................................36
Panda rojo...38
Margay...40
Loris perezoso....................................42
Ardilla de Siberia 44
Koala 46
Mono ardilla 48
Saltarrocas..50
Perezoso..52
Okapi..54
Quol tigre...56
Oso panda 58
Pica 60
Rana verde 62

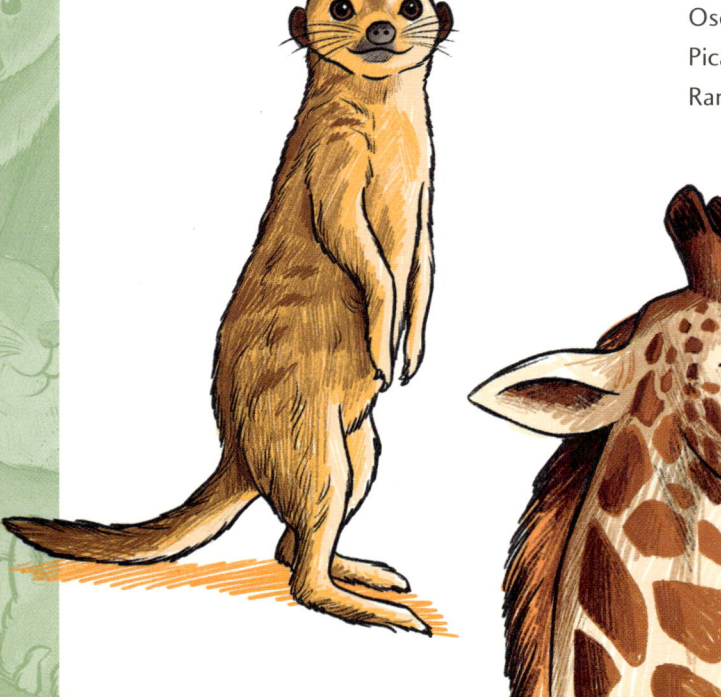

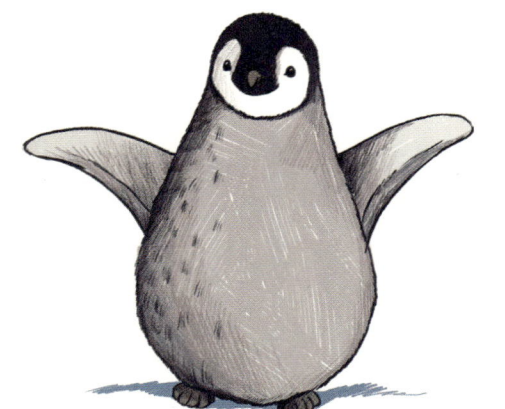
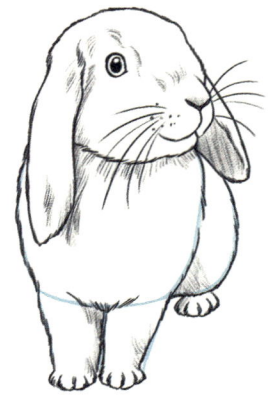

⟫⟫ Ártico y océanos

Zorro ártico.............................66
Pingüino.................................68
Foca......................................70
Delfín....................................72
Charrancito americano 74
Armiño 76
Pez payaso.............................78
Nutria marina 80

⟫⟫ Bosques y humedales

Búho......................................84
Cervatillo...............................86
Erizo 88
Capibara................................90
Castor....................................92
Comadreja japonesa................94
Coatí de nariz blanca..............96
Petirrojo europeo....................98

⟫⟫ Animales domésticos

Gatito....................................102
Conejo 104
Cerdito..................................106
Cabrita..................................108
Llama 110
Cordero 112
Alpaca 114
Ternero..................................116
Cobaya 118
Patito 120
Hámster 122
Perrito...................................124
Burro 126

ACERCA DE LA ARTISTA **128**
AGRADECIMIENTOS **128**

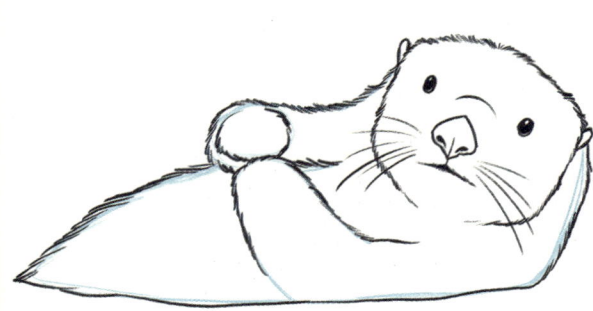
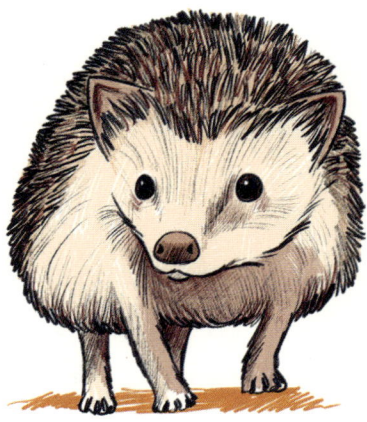

Introducción

Este libro contiene más de 50 ilustraciones de animales adorables de distintos hábitats, desde diferentes perspectivas y en distintas posturas, creadas en solo 10 sencillos pasos. Elija su animalito preferido, sea una perezoso medio dormido, un búho con las plumas bien ahuecadas o un panda subido a un árbol, y póngase a dibujar.

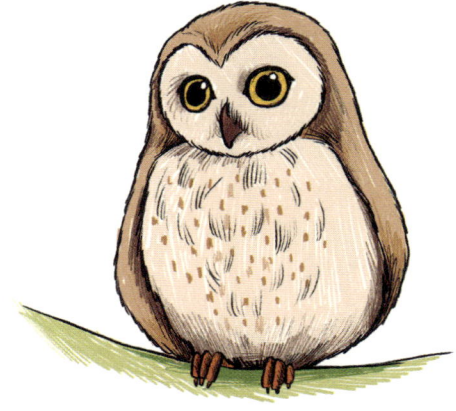

CÓMO ABORDAR LAS DISTINTAS FORMAS

Todos los continentes están poblados por millones de especies de animales de diferentes formas y tamaños. Las instrucciones paso a paso de este libro indican cómo trazar las líneas y formas guía para situar correctamente las partes de sus cuerpos, como la cabeza, las patas, las alas, las aletas y la cola. De este modo, el dibujo le quedará proporcionado. Si sigue las instrucciones y las guías, conseguirá dibujar con realismo cada animal en varias posturas naturales, como tumbados sobre una rama o masticando comida.

COLORES

Al final de cada dibujo terminado, encontrará una paleta de colores. Pero solo se trata de una guía: siéntase libre de utilizar sus tonalidades favoritas a la hora de dar color a los pelajes o plumas.

Espero que disfrute creando las imágenes de este libro tanto como yo. ¡Dibujar animalitos nunca había sido tan fácil!

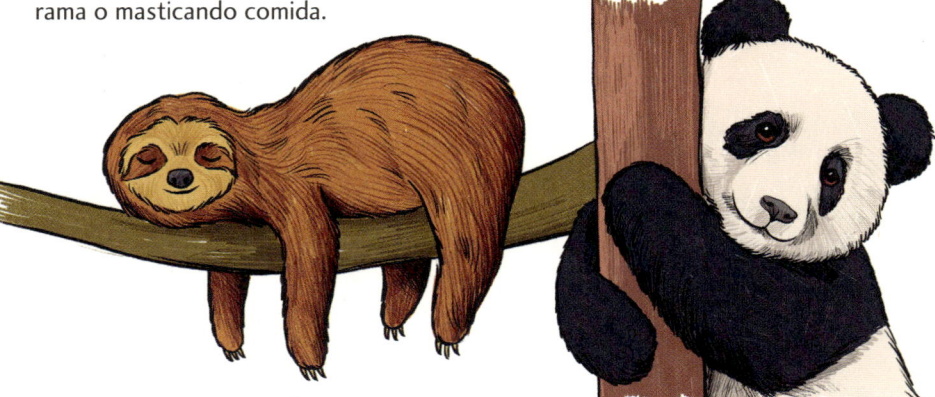

Cómo usar este libro

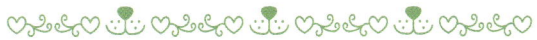

UTENSILIOS BÁSICOS

Papel: sirve cualquiera, pero con papel para bocetos obtendrá mejores resultados.

Lápiz, goma y sacapuntas: pruebe lápices de diferentes durezas e invierta en una goma y un sacapuntas de calidad.

Lápices de colores: todo lo que necesita es un juego completo de lápices, de unos 24 colores.

Regla pequeña: es opcional, pero puede serle útil para dibujar líneas guía.

SEGUIR LOS PASOS

Utilice el lápiz para trazar las líneas guía paso a paso. Dibuje los contornos y los detalles con un lápiz más oscuro. Después, borre las líneas guía. Por último, pinte el dibujo a su gusto.

COLOREAR

Existen varias opciones para pintar los dibujos. ¿Por qué no experimenta con todas ellas?

Lápices de colores: es la opción más sencilla y la que he elegido yo para acabar los dibujos de este libro.

No se salga de la raya y procure tener los lápices bien afilados para poder trabajar las áreas más pequeñas.

Para conseguir un tono más claro o más oscuro, pinte varias capas o ejerza más o menos presión con el lápiz.

El pelo, las plumas y las escamas de los animales son de distintos colores y presentan motivos y texturas diferentes. Por tanto, una vez que esté seguro del color más adecuado para cada uno, juegue con los tonos.

Pintura y pincel: aunque la pintura acrílica y el óleo permiten cubrir posibles errores, quizá la acuarela sea la pintura más fácil de usar para principiantes. Necesitará dos o tres pinceles de diferentes medidas, al menos uno de ellos muy fino.

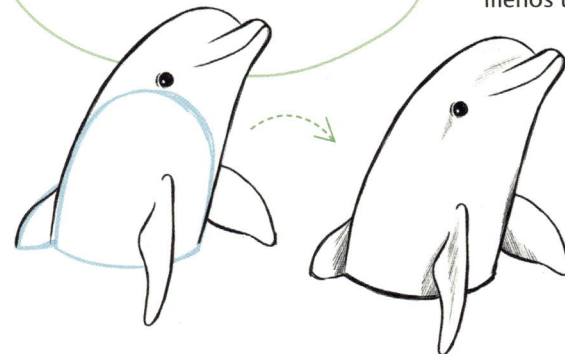

Consejo importante:
Las líneas guía de cada paso están en azul y morado. Debe borrarlas una vez haya dibujado los contornos con el lápiz más oscuro, antes de empezar a pintar.

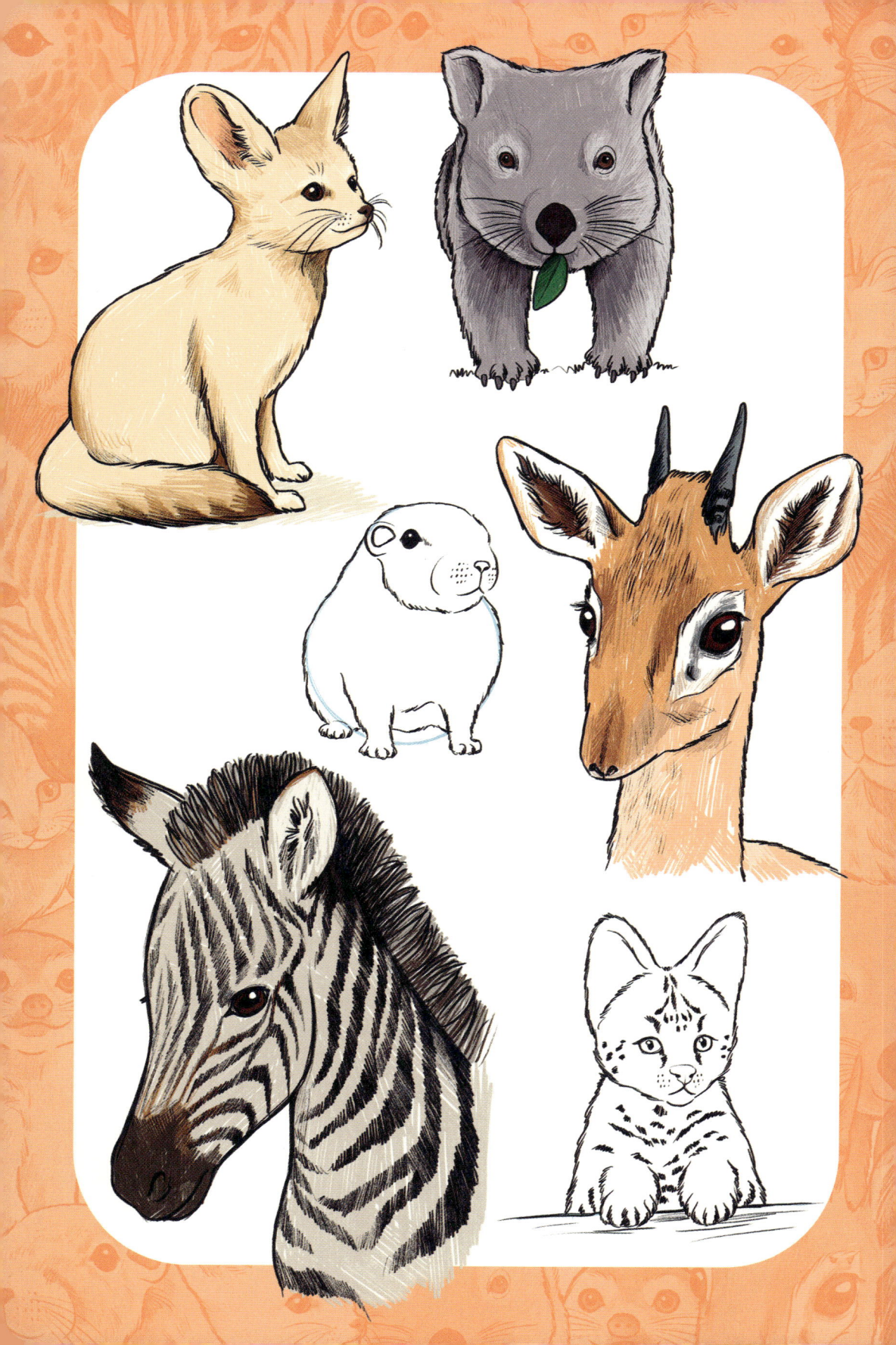

Desiertos y sabanas

Gato de las arenas

Con sus grandes orejas, sus patitas peludas y sus enormes ojos verdes, el gato de las arenas es ideal para aprender a dibujar rasgos de lo más adorables.

1 Esboce la cabeza con un óvalo. Añada una cruz con dos líneas discontinuas, tal como se muestra. Le servirá de guía para colocar los ojos, la nariz y la boca.

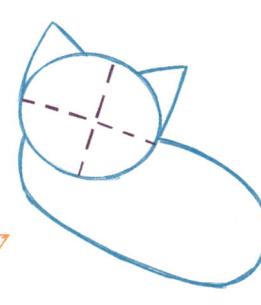

2 Haga las orejas con dos triángulos y el cuerpo con un óvalo alargado.

3 Trace las patas delanteras, con un óvalo en el extremo de cada una. Cada pata está en un ángulo distinto y una de ellas se superpone al cuerpo.

4 Esboce la pata trasera con líneas curvas. Con una línea, haga la rama sobre la que está el gato.

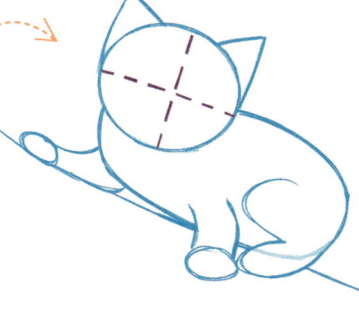

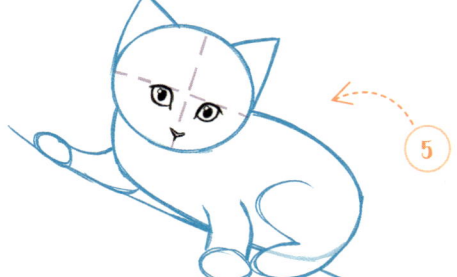

5 Use un lápiz oscuro para dibujar los grandes ojos redondos justo debajo de la guía horizontal. Añada las pupilas negras, dejando en blanco un reflejo circular en la parte superior izquierda. Dibuje la naricita triangular en la guía vertical.

10

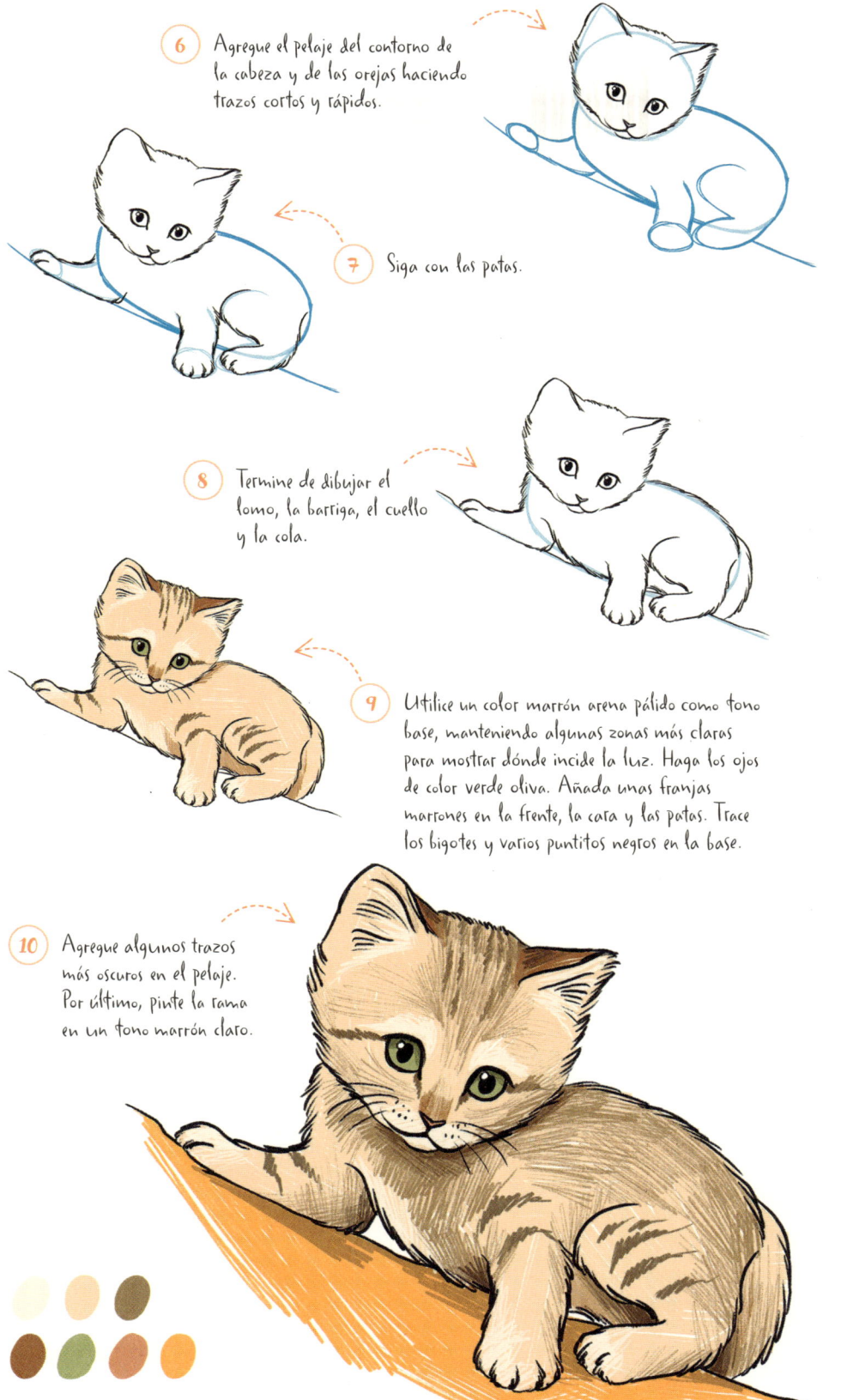

6 Agregue el pelaje del contorno de la cabeza y de las orejas haciendo trazos cortos y rápidos.

7 Siga con las patas.

8 Termine de dibujar el lomo, la barriga, el cuello y la cola.

9 Utilice un color marrón arena pálido como tono base, manteniendo algunas zonas más claras para mostrar dónde incide la luz. Haga los ojos de color verde oliva. Añada unas franjas marrones en la frente, la cara y las patas. Trace los bigotes y varios puntitos negros en la base.

10 Agregue algunos trazos más oscuros en el pelaje. Por último, pinte la rama en un tono marrón claro.

Gundi

¿Quién hubiese imaginado que un roedor del tamaño de un palmo pudiera reunir tanta ternura?

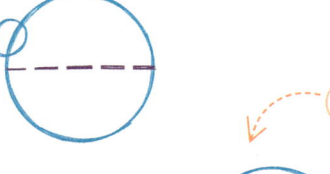

1 Esboce la cabeza con un círculo y divídalo con una línea horizontal discontinua. Añada un óvalo pequeño arriba a la izquierda para situar la oreja.

2 Trace otro círculo debajo de la cabeza de manera que se solapen; tiene que ser el doble de grande que el círculo de la cabeza.

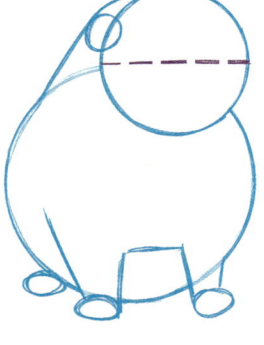

3 Para formar el cuello, junte la cabeza y el cuerpo con una línea curva. Agregue las dos patas delanteras, con un círculo en cada extremo. Añada otro círculo más a la izquierda para indicar la posición de la patita trasera.

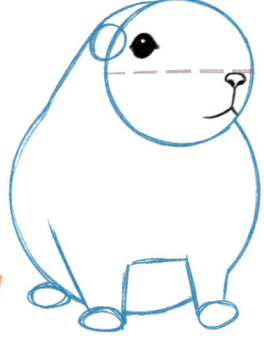

4 Dibuje un ojo grande y redondo con las comisuras puntiagudas. Píntelo de negro, dejando en blanco un diminuto reflejo circular. Esboce el hocico y la boca.

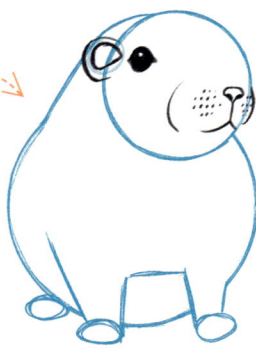

5 Trace el contorno de la oreja. Añada dos líneas curvas para formar el hocico. Haga varios puntitos para crear la base de los bigotes.

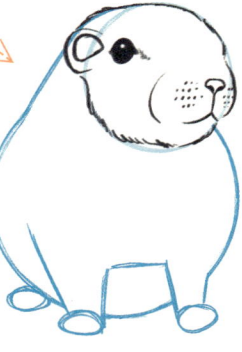

6 Esboce el pelaje del contorno de la cabeza con una serie de trazos cortos.

7 Siga con las patas.

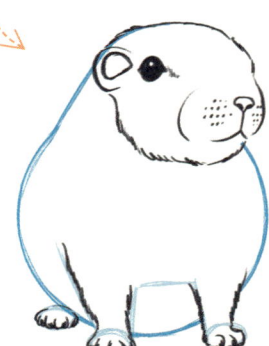

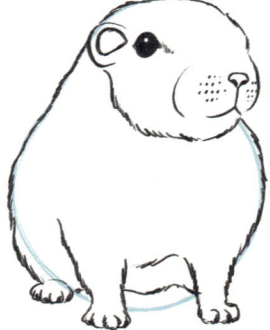

8 Termine de dibujar el contorno del cuerpo. Preste atención a la forma de la barriga y al pliegue de pelaje que se crea entre las patas delanteras.

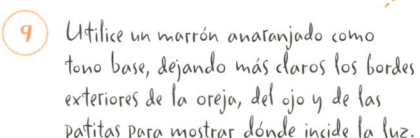

9 Utilice un marrón anaranjado como tono base, dejando más claros los bordes exteriores de la oreja, del ojo y de las patitas para mostrar dónde incide la luz.

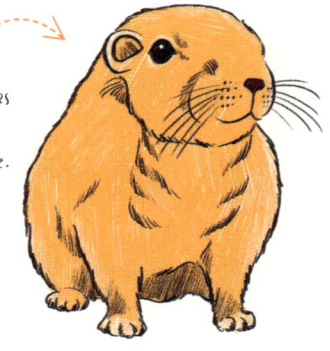

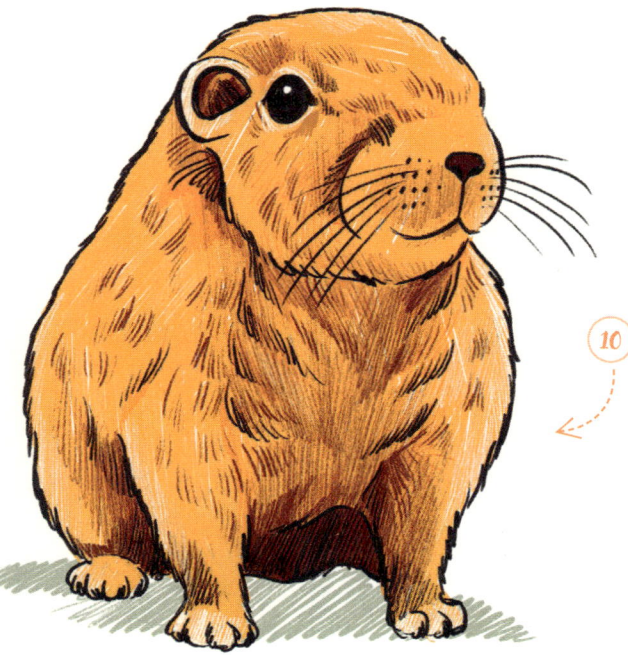

10 Añada unos trazos más oscuros en las zonas que quedan a la sombra y, debajo, pinte un poco de hierba verde. Por último, haga más trazos oscuros por el cuerpo para que parezca aún más peludo.

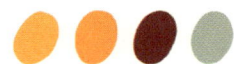

Serval

Las grandes orejas peludas de este felino salvaje africano no solo lo ayudan a cazar a sus presas, ¡sino que también le dan un toque adorable extra!

1. Esboce la cabeza con un círculo. Divídalo por la mitad con una línea horizontal discontinua ligeramente inclinada.

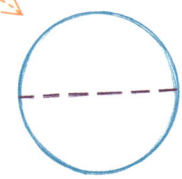

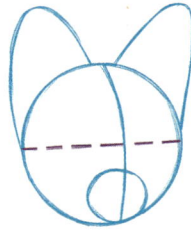

2. Agregue dos arcos encima de la cabeza para situar las orejas. Trace una línea vertical curvada en el centro de la cabeza y añada un círculo pequeño en la parte inferior para crear el hocico.

3. Esboce la parte superior del cuerpo y las patas, con círculos de los extremos, y haga la rama con una línea horizontal.

4. Dibuje los ojos debajo de la línea discontinua. Añada las pupilas negras, dejando en blanco un diminuto reflejo circular en la parte superior izquierda. Dibuje la nariz y la boca dentro del círculo pequeño.

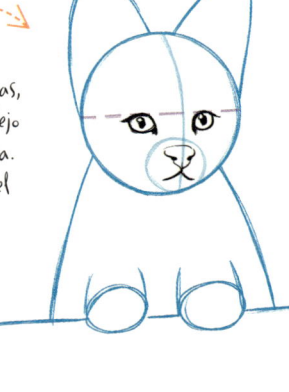

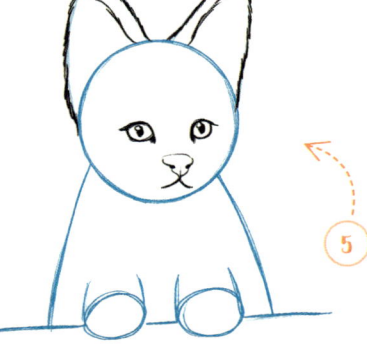

5. Trace el contorno peludo de las orejas con una serie de trazos cortos.

6 Siga con el contorno de la cabeza. Para que el pelaje tenga una apariencia más natural, varíe el tamaño de los trazos.

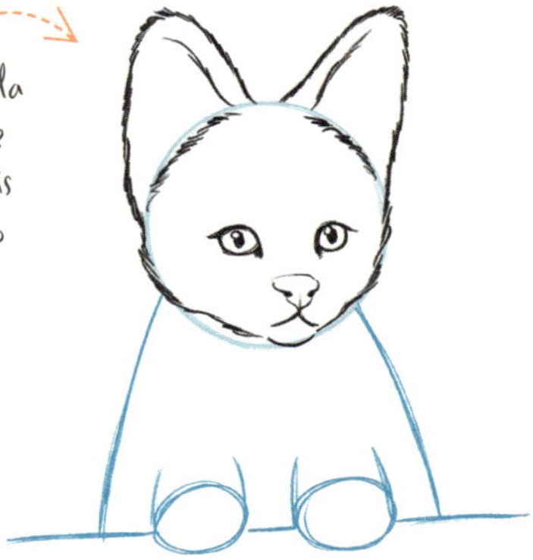

7 Añada la parte superior del cuerpo y las patas.

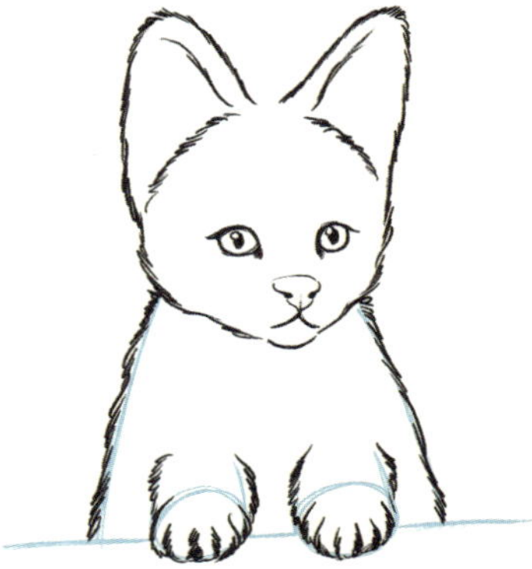

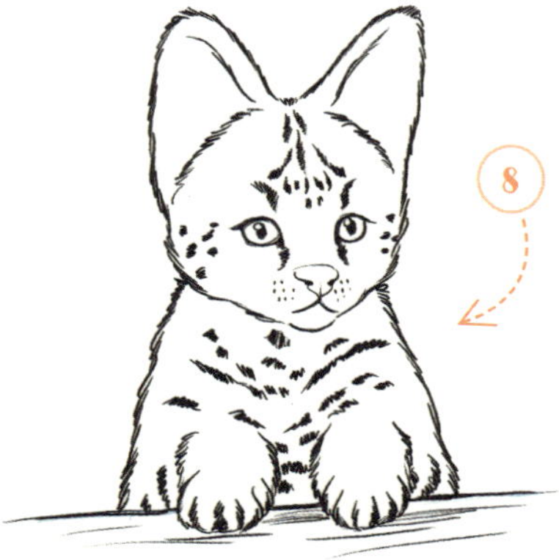

8 Esboce las franjas del pelaje. Haga los puntitos de la base de los bigotes.

9 Utilice un color marrón arena como tono base, haciendo más claros el interior de las orejas, el contorno de la boca y los bordes exteriores del cuerpo.

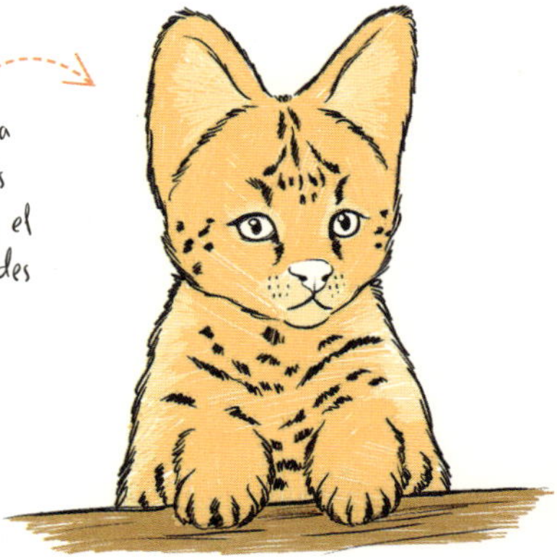

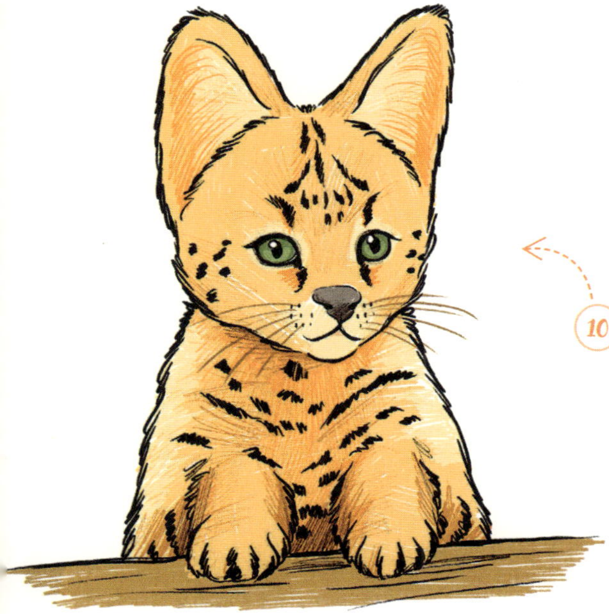

10 Pinte los ojos verdes y la nariz gris. En marrón, trace los largos bigotes. Por último, agregue unos trazos más oscuros en el pelaje para darle volumen.

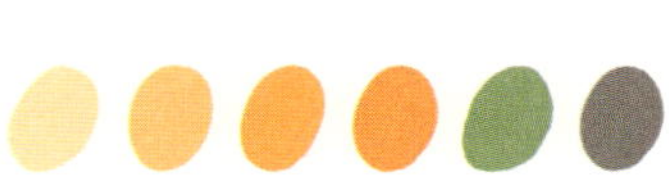

Jirafa

Si traza estas sencillas formas guía, le resultará fácil dibujar
el delicado contorno de la cabeza de una jirafa.

1 Esboce la cabeza con un círculo. Divídalo por la mitad con una línea horizontal discontinua. Agregue el hocico con forma de «U».

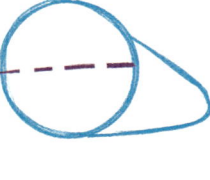

2 En el lado izquierdo, esboce la oreja con forma de lágrima. Encima de la cabeza, añada las formas de los cuernos.

3 Trace las dos líneas curvas del cuello.

4 Dibuje el ojo sobre la línea discontinua. Pinte la pupila de color negro, dejando en blanco un diminuto reflejo circular.

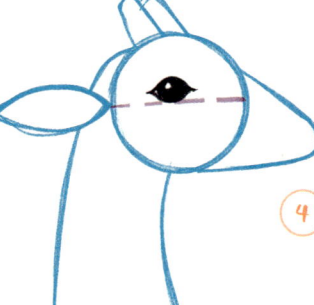

5 Trace el contorno del hocico y añada la línea ligeramente irregular de la boca, procurando no hacerla demasiado larga. Todo el hocico debe quedar dentro de la «U». Haga el orificio nasal con un pequeño sombreado.

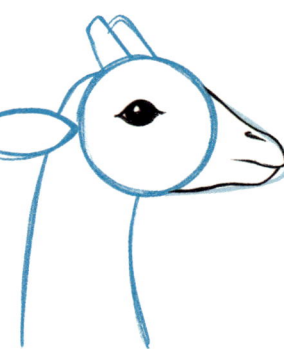

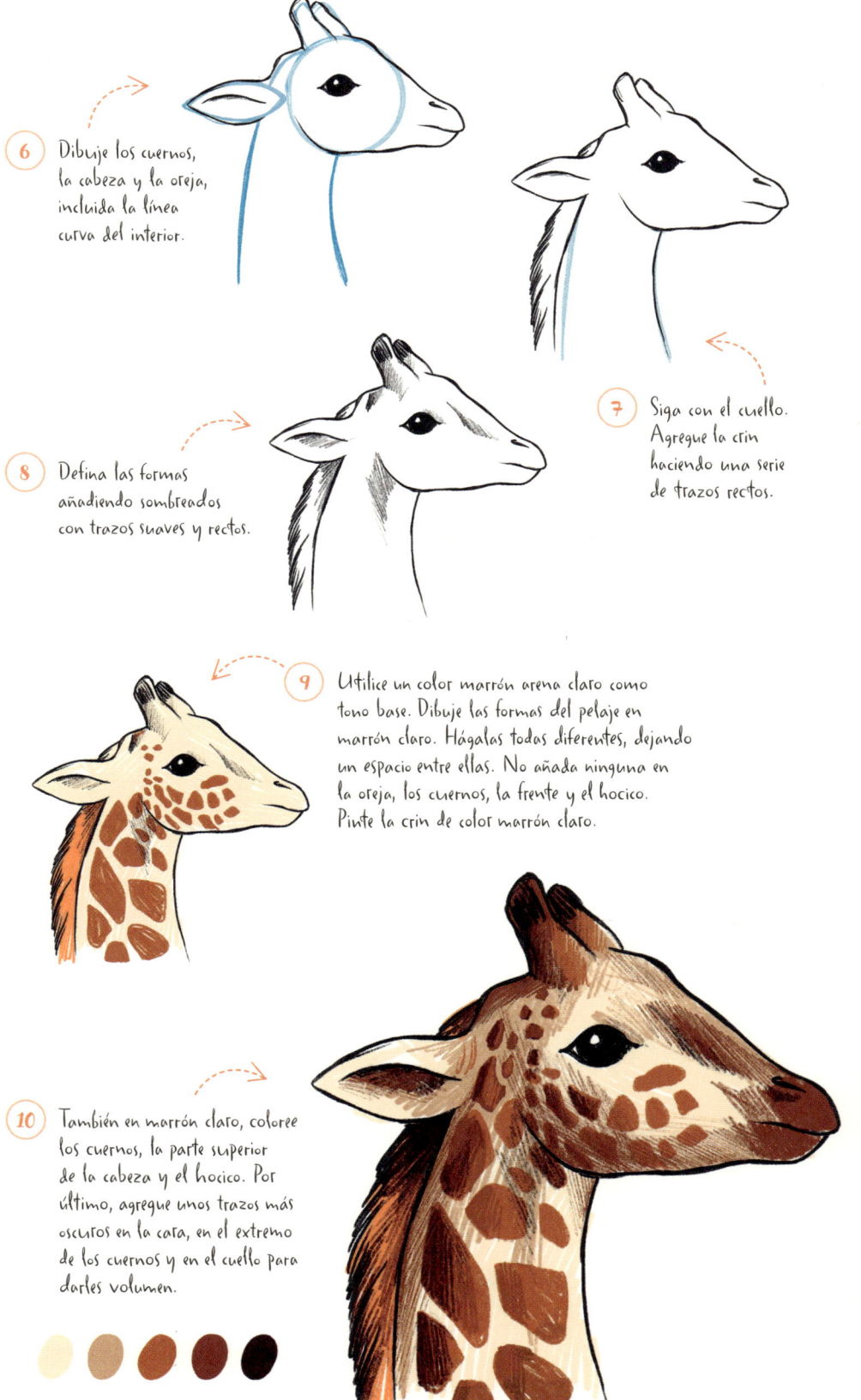

6 Dibuje los cuernos, la cabeza y la oreja, incluida la línea curva del interior.

7 Siga con el cuello. Agregue la crin haciendo una serie de trazos rectos.

8 Defina las formas añadiendo sombreados con trazos suaves y rectos.

9 Utilice un color marrón arena claro como tono base. Dibuje las formas del pelaje en marrón claro. Hágalas todas diferentes, dejando un espacio entre ellas. No añada ninguna en la oreja, los cuernos, la frente y el hocico. Pinte la crin de color marrón claro.

10 También en marrón claro, coloree los cuernos, la parte superior de la cabeza y el hocico. Por último, agregue unos trazos más oscuros en la cara, en el extremo de los cuernos y en el cuello para darles volumen.

Dic-dic

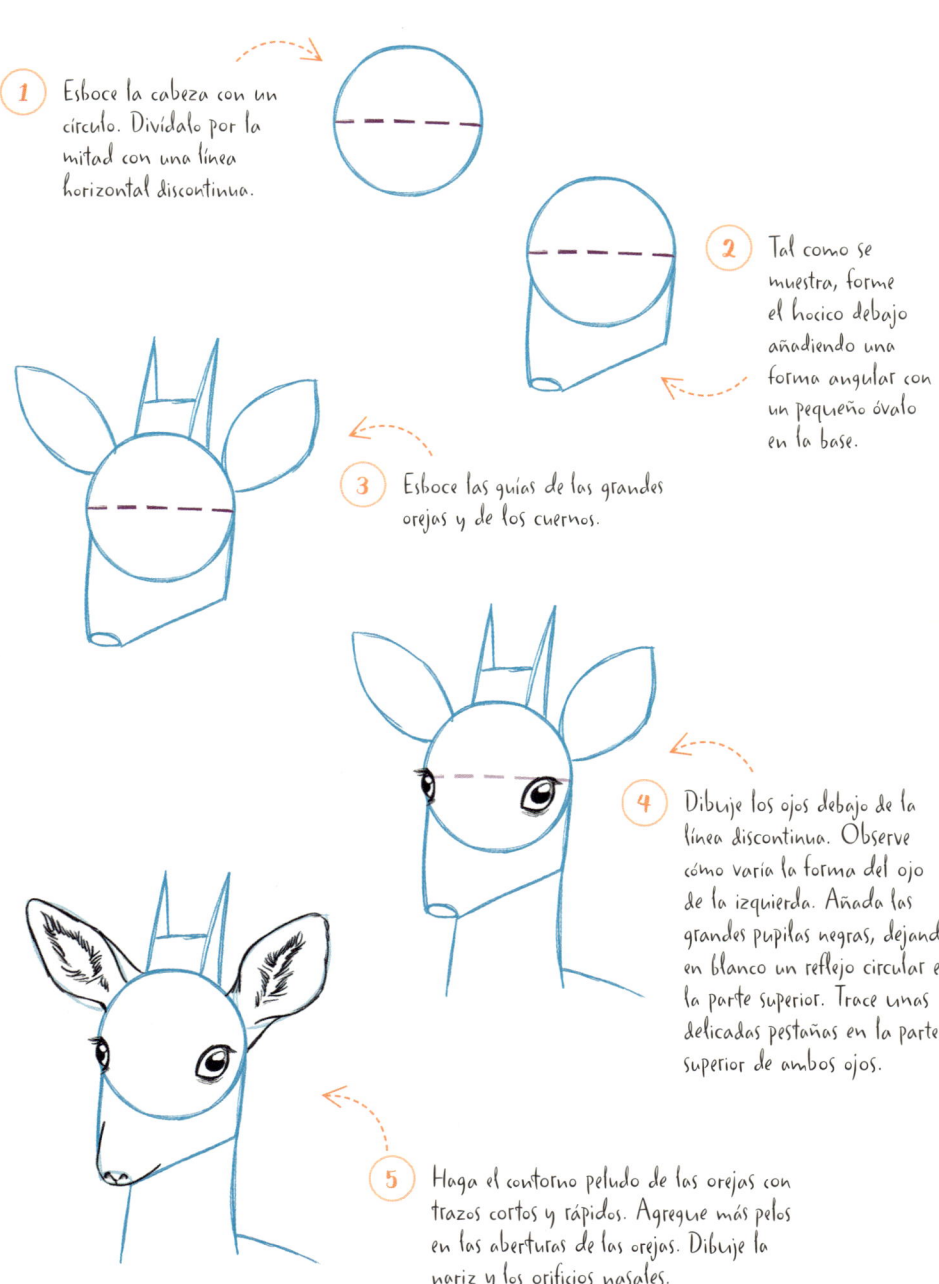

Por sus grandes ojos marrones y sus enormes orejas peludas, resulta un placer dibujar un dic-dic, el antílope más pequeño del mundo.

1. Esboce la cabeza con un círculo. Divídalo por la mitad con una línea horizontal discontinua.

2. Tal como se muestra, forme el hocico debajo añadiendo una forma angular con un pequeño óvalo en la base.

3. Esboce las guías de las grandes orejas y de los cuernos.

4. Dibuje los ojos debajo de la línea discontinua. Observe cómo varía la forma del ojo de la izquierda. Añada las grandes pupilas negras, dejando en blanco un reflejo circular en la parte superior. Trace unas delicadas pestañas en la parte superior de ambos ojos.

5. Haga el contorno peludo de las orejas con trazos cortos y rápidos. Agregue más pelos en las aberturas de las orejas. Dibuje la nariz y los orificios nasales.

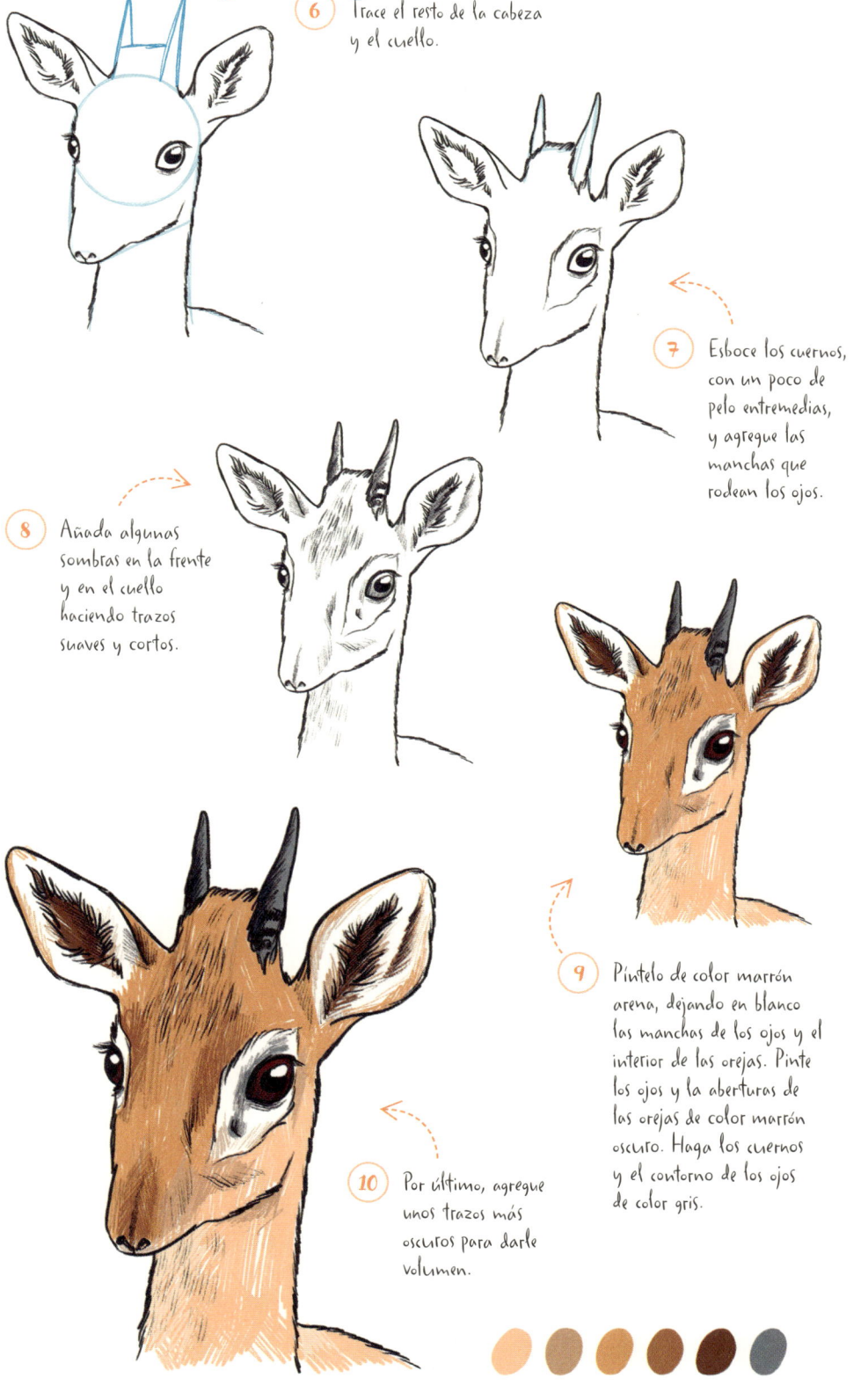

6 Trace el resto de la cabeza y el cuello.

7 Esboce los cuernos, con un poco de pelo entremedias, y agregue las manchas que rodean los ojos.

8 Añada algunas sombras en la frente y en el cuello haciendo trazos suaves y cortos.

9 Píntelo de color marrón arena, dejando en blanco las manchas de los ojos y el interior de las orejas. Pinte los ojos y la aberturas de las orejas de color marrón oscuro. Haga los cuernos y el contorno de los ojos de color gris.

10 Por último, agregue unos trazos más oscuros para darle volumen.

Suricata

Los suricatas siempre están el alerta. A menudo se alzan en guardia
y giran la cabeza para captar cualquier señal de peligro.

1 Esboce la cabeza con un óvalo.
Divídalo por la mitad con una
línea horizontal discontinua.
Añada el pequeño círculo guía
del hocico. Haga las orejas con
dos semicírculos.

2 Debajo, dibuje dos
círculos más, uno
ligeramente más
grande que el otro.

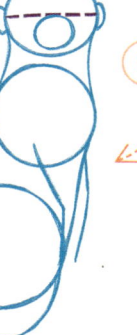

3 Una los tres círculos
para dar forma al cuerpo.
Debajo del círculo inferior,
agregue una «U». Trace las
dos líneas guía de las patas
delanteras.

4 Desde el círculo
inferior, haga las dos
líneas guía de las
patas traseras. En el
lado izquierda, añada
la larga línea curva
de la cola.

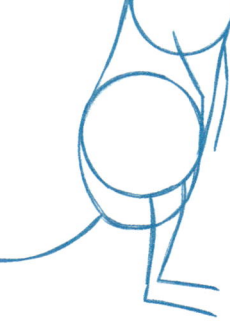

5 Dibuje los ojos sobre la línea
discontinua. Agregue las grandes
pupilas negras, dejando en blanco
un reflejo circular a un lado.
Dibuje la nariz hexagonal y la
línea ondulada de la boca.

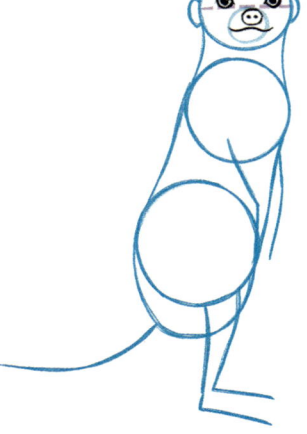

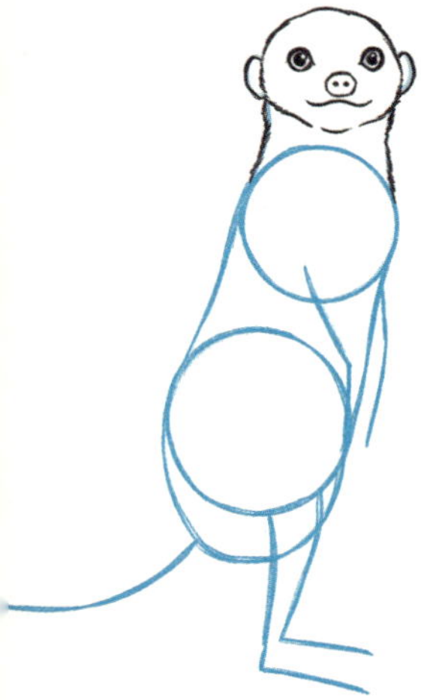

6 Haga el contorno de la cabeza y de las orejas con trazos cortos y rápidos para reproducir el pelaje. Añada la línea de la mandíbula, ligeramente puntiaguda, y el cuello.

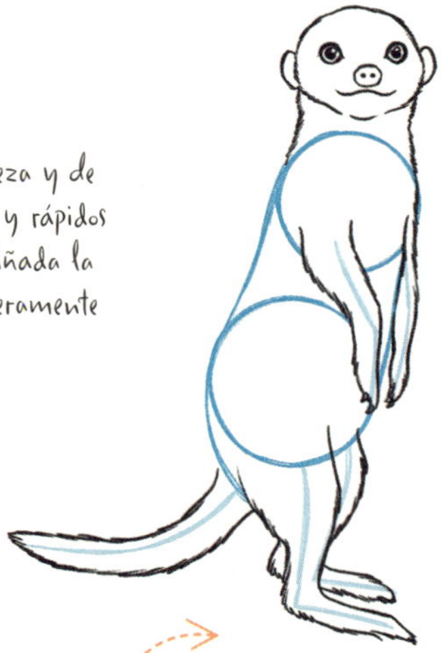

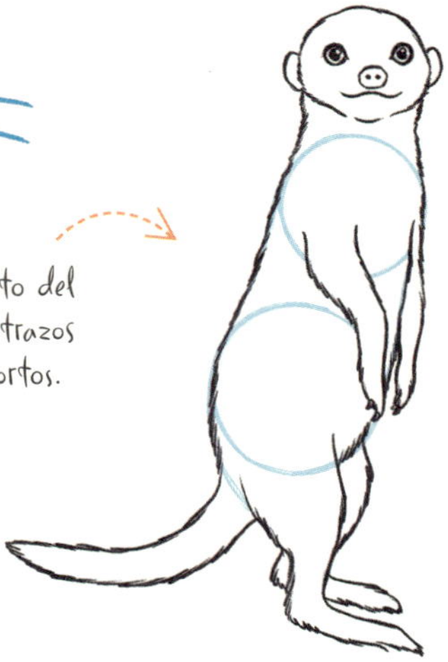

8 Haga el resto del cuerpo con trazos rápidos y cortos.

7 Dibuje las patas delanteras y traseras tomando las guías como referencia y añada los dedos con pequeños trazos curvos. Trace la peluda cola con una base gruesa que se estreche hacia la punta.

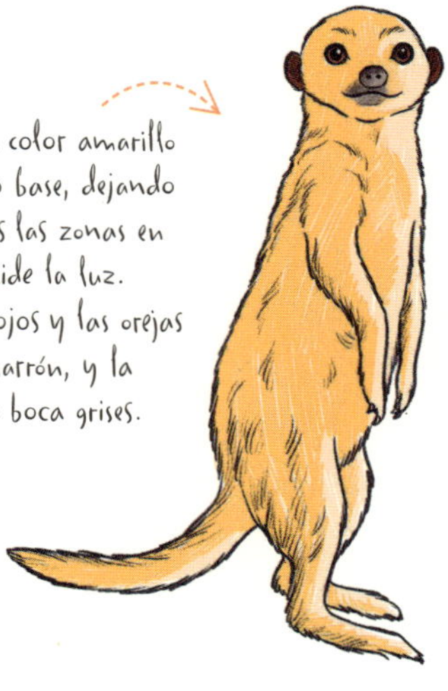

9 Utilice un color amarillo como tono base, dejando más claras las zonas en las que incide la luz. Pinte los ojos y las orejas de color marrón, y la nariz y la boca grises.

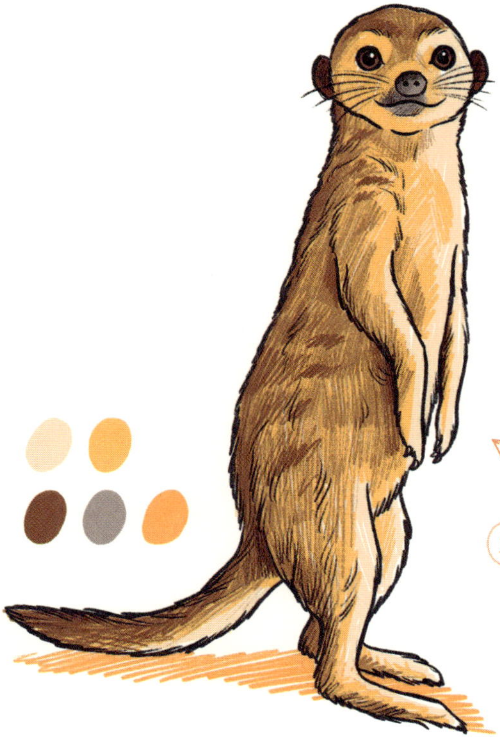

10 Agregue unos trazos más oscuros en la parte trasera del cuerpo y en la cola, que son las zonas que quedan a la sombra. Por último, pinte el suelo de algún color para que no parezca que el suricata está flotando.

Zorro fénec

Puede que el fénec sea la especie de zorro más pequeña, pero lo compensa con sus enormes orejas.

1 Esboce la cabeza con un círculo. Divídalo por la mitad con una línea horizontal discontinua.

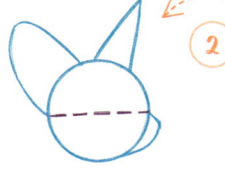

2 Encima del círculo, trace una «U» y un triángulo para formar las orejas. Para crear el hocico, añada una «U» aplanada abajo a la derecha.

3 Esboce el cuerpo con otro círculo, tal como se muestra. Este círculo debe ser el doble de grande que el de la cabeza.

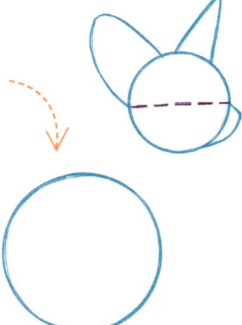

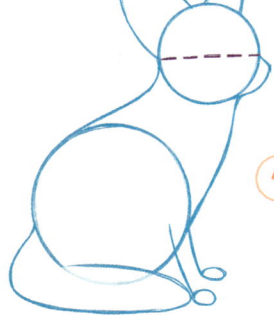

4 Una los dos círculos para formar el cuello y el pecho. Debajo, añada la forma tubular de la cola. Trace las líneas guía de las patas con un círculo en cada extremo.

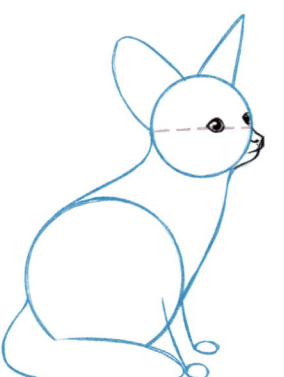

5 Dibuje un ojo en la línea discontinua y luego haga el otro, más pequeño, un poco más arriba. Observe los efectos de la perspectiva en el tamaño y la forma de los ojos. Agregue las pupilas negras, dejando en blanco un diminuto reflejo circulare. Dibuje el contorno de la nariz, la boca y la barbilla tomando como referencia la línea guía del hocico.

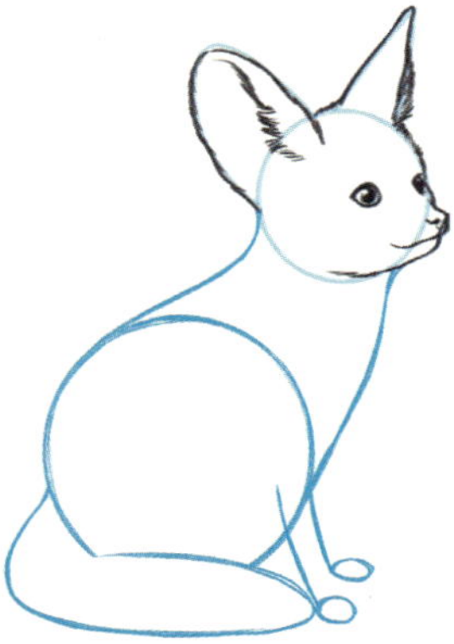

6 Dibuje las orejas con trazos cortos y rápidos para reproducir el pelaje. Haga trazos más largos para añadir los pelos del interior.

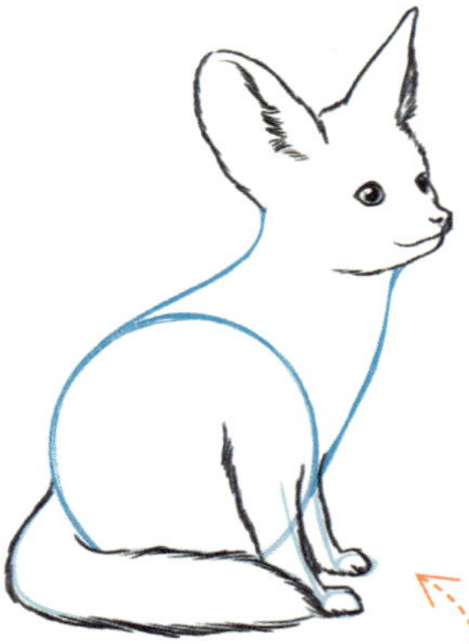

7 Trace las patas delanteras y la cola tomando como referencia las líneas guía. La cola debe ser gruesa y terminar en punta.

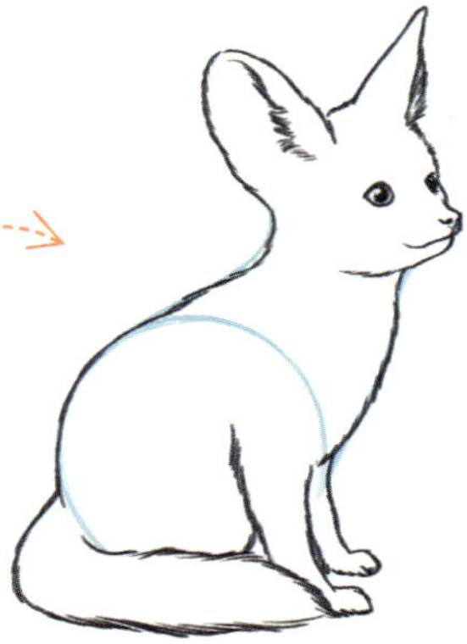

8 Dibuje el resto del cuerpo también con trazos rápidos y cortos.

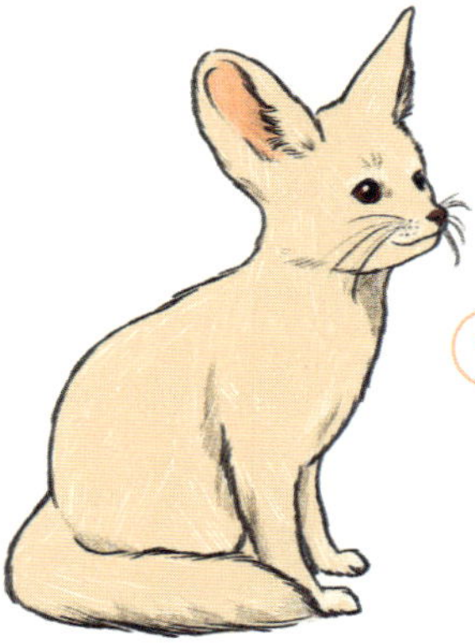

9 Utilice un color pálido como tono base, pero haga el interior de las orejas de color rosa. Añada los bigotes y los puntitos de la base. Pinte los ojos y la nariz de color marrón oscuro. Empiece a sombrear las zonas que quedan a la sombra.

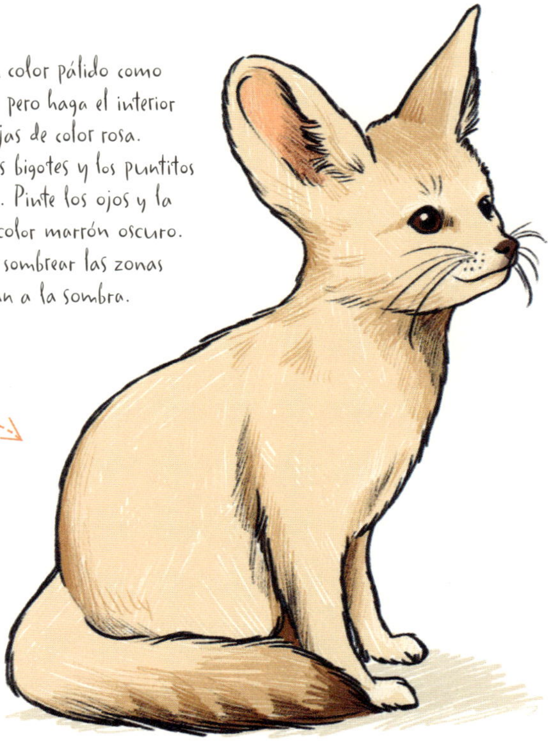

10 Por último, agregue unos trazos más oscuros en las sombras y pinte un poco el suelo para que no parezca que el fénec está flotando.

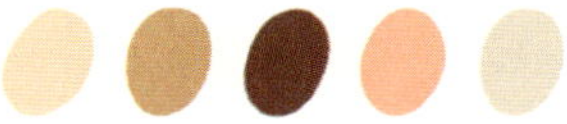

Wómbat

El pariente australiano del canguro excava extensas madrigueras con sus fuertes garras.

1 Esboce la cabeza con un círculo. Añada un círculo más pequeño en el interior, que será el hocico.

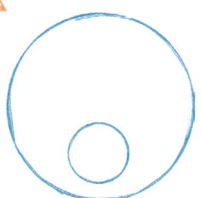

2 Haga los dos triángulos guía de las orejas. Divida la cabeza por la mitad con una línea discontinua.

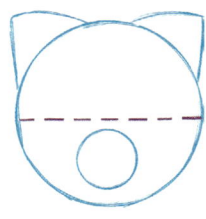

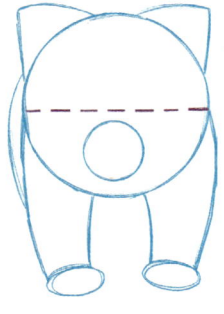

3 Esboce las patas delanteras, con un óvalo en el extremo. Trace una línea curva pequeña en el lado izquierdo para formar el lado del cuerpo.

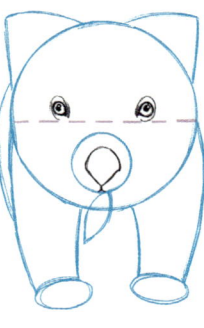

4 Añada la forma de una hoja debajo del hocico. Dibuje los ojos sobre la línea discontinua. Agregue las pupilas negras, dejando en blanco un diminuto reflejo circular. Haga la nariz.

5 Añada los bigotes y la hoja que sale de la boca.

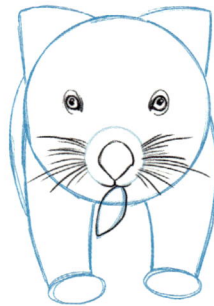

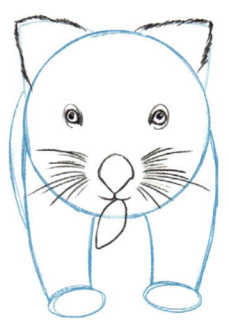

6 Dibuje el contorno peludo de las orejas con trazos cortos y rápidos.

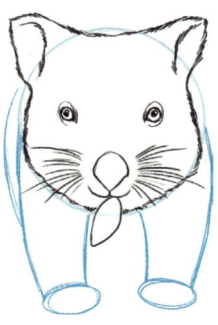

7 Haga del mismo modo el contorno de la cara y las líneas curvas de las aberturas de las orejas.

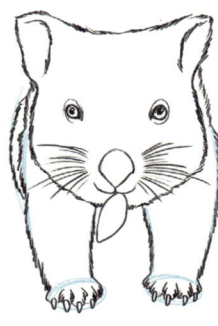

8 Dibuje el resto del cuerpo y las patas, incluidos los dedos peludos y las garras.

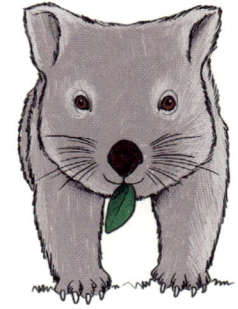

9 Utilice un color gris como tono base. Haga los ojos marrones, la nariz de color marrón más oscuro y la hoja verde.

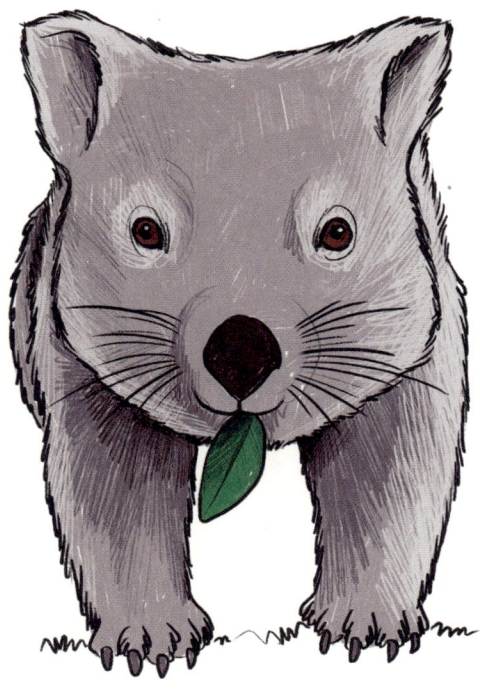

10 Por último, agregue unos trazos más oscuros en las zonas que quedan a la sombra.

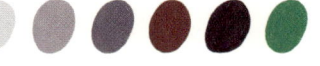

Cebra

Partiendo de un sencillo círculo, una forma cónica y una línea curva, conseguirá crear la cabeza bien proporcionada de esta joven cebra.

1 Esboce el hocico con un círculo. Encima, añada una forma cónica.

2 Trace dos líneas para crear la parte superior de la cabeza y agregue las orejas.

3 Esboce las líneas guía del cuello y la crin. Haga una línea discontinua tal como se muestra: le ayudará a colocar los rasgos faciales.

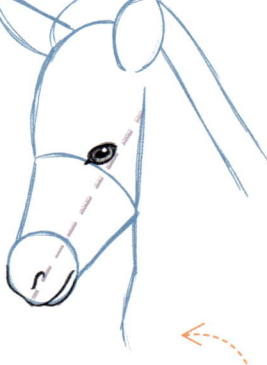

4 Dibuje el ojo. Añada la pupila negra, dejando en blanco el diminuto reflejo circular. Dibuje el hocico siguiendo el círculo guía y luego agregue la boca curvada y el ollar.

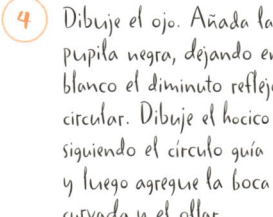

5 Siga trazando el contorno de la cara, haciendo la mejilla redondeada.

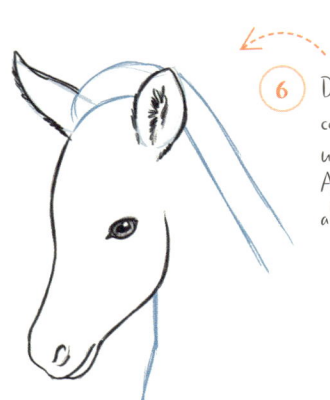

6 Dibuje el pelaje del contorno de las orejas con una serie de trazos cortos. Agregue varios pelos en las aberturas de las orejas.

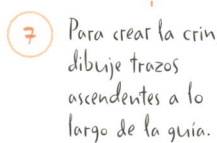

7 Para crear la crin, dibuje trazos ascendentes a lo largo de la guía.

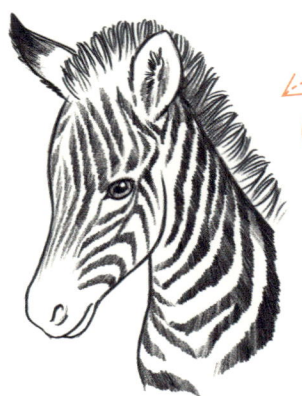

8 Haga franjas oscuras en la cabeza y el cuerpo y oscurezca la punta de una oreja.

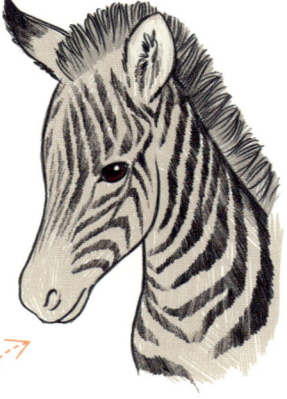

9 Pinte la cabeza y el cuello en un tono marrón arena y la crin de color gris.

10 Agregue un poco de marrón en la punta de las orejas y el hocico. Por último, añada sombree un poco más la base de la crin.

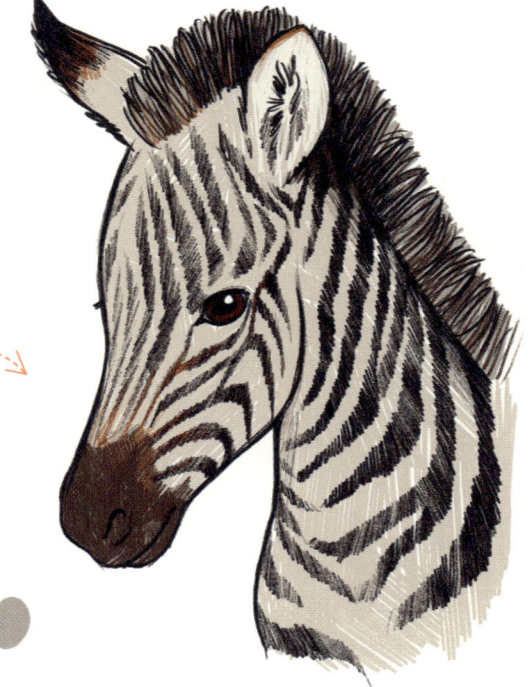

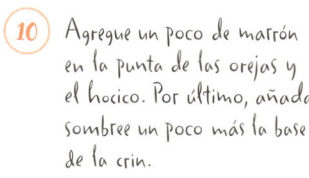

Guepardo

El pelaje de esta cría de guepardo tan pero tan adorable le dará
la oportunidad de practicar sus trazos más suaves.

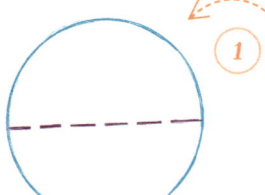

1 Esboce la cabeza con un círculo.
Divídalo por la mitad con una
línea horizontal discontinua.

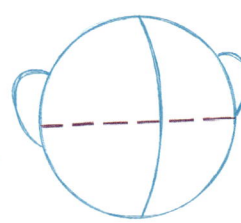

2 Trace una línea vertical
curvada en el centro de la
cabeza y luego, a cada lado,
añada una pequeña oreja
semicircular.

3 Haga los dos círculos guía de
los ojos sobre la línea
discontinua y, debajo, el óvalo
guía del hocico. Añada las
dos líneas guía del cuello

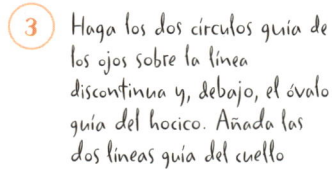

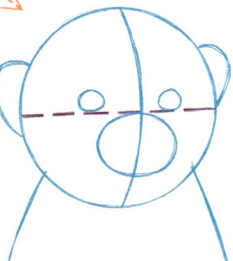

4 Dibuje los ojos sobre la línea
discontinua. Agregue las
pupilas negras, dejando en
blanco diminutos reflejos
circulares.

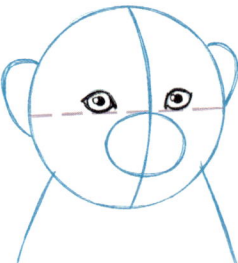

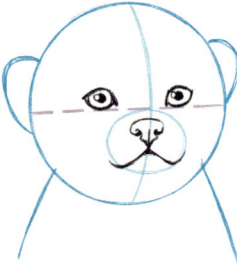

5 Haga la nariz y la boca
dentro del óvalo guía.

28

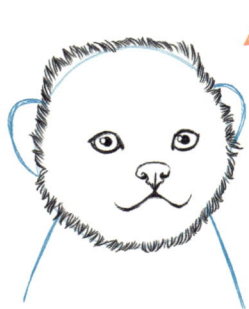

6 Dibuje el pelaje de todo el contorno de la cabeza con muchos trazos cortos. Para que parezca más natural, varíe la forma y el tamaño de los trazos.

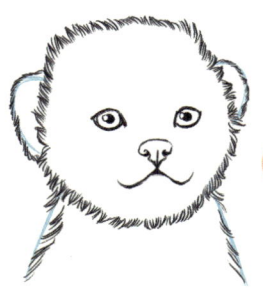

7 Siga con el contorno de las orejas y del cuello.

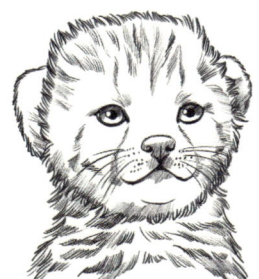

8 Añada pelos por todo el cuerpo. Haga siempre los trazos siguiendo la dirección general del pelaje. Cuantos más trazos haga, más detallado quedará el dibujo. Agregue los bigotes negros y los puntitos de la base.

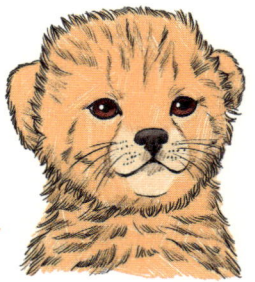

9 Empiece a pintar el guepardo en un tono marrón arena. Utilice un tono más pálido en el hocico y debajo de los ojos. Pinte los ojos de color marrón y la nariz en un tono gris oscuro.

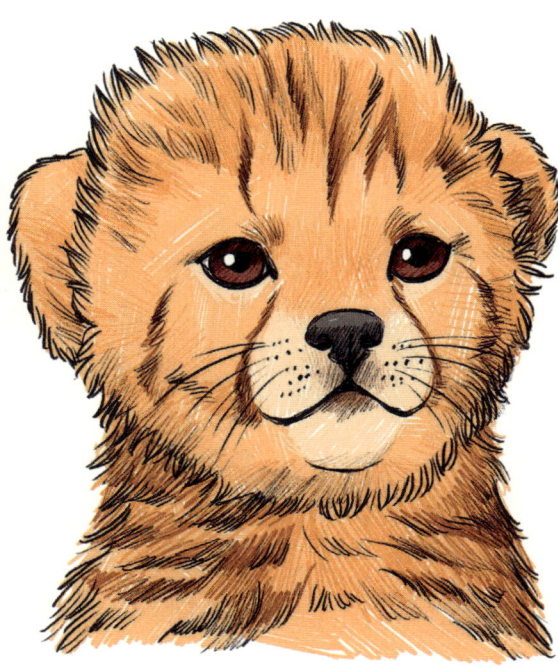

10 Por último, agregue trazos más oscuros alrededor de la nariz, la cabeza y el cuello.

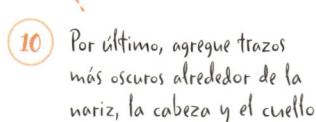

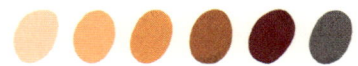

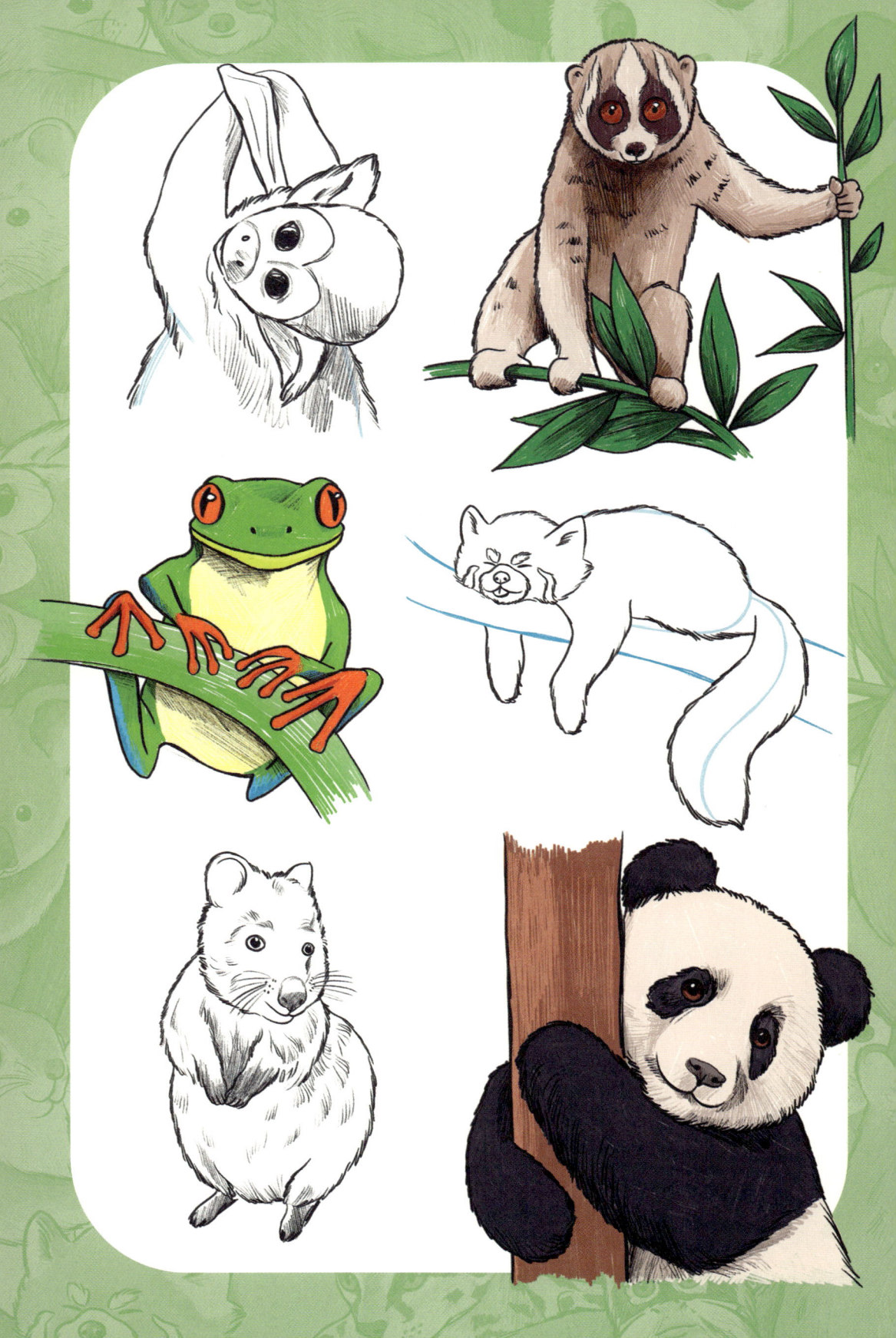

Selvas y montañas

Ardilla voladora siberiana

Con sus ojazos negros y su delicada naricita rosa, la ardilla voladora siberiana
se ha ganado un puesto entre los animalitos más monos del mundo.

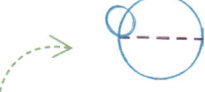

1 Esboce la cabeza con un círculo. Divídalo por la mitad con una línea horizontal discontinua. Arriba a la izquierda, añada un óvalo pequeño para situar la oreja.

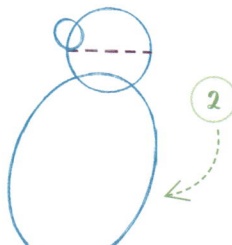

2 Para esbozar el cuerpo, haga un óvalo alargado superpuesto al círculo de la cabeza.

32

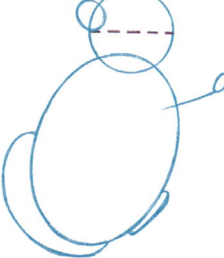

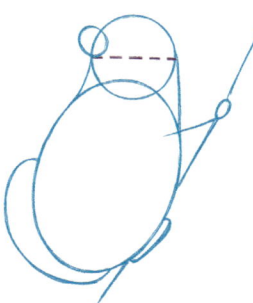

3 Trace la línea guía de la pata con un círculo en el extremo. Debajo del cuerpo, agregue la línea guía arqueada de la cola. En el lado derecho, haga un rectángulo estrecho, que será el pie.

4 Junte el óvalo y el círculo con dos líneas para formar el cuello. A la derecha, esboce la rama con una línea larga.

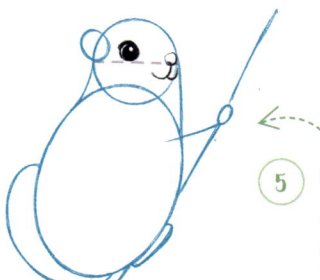

5 Sobre la línea discontinua dibuje el ojo redondo con gruesas pestañas. Pinte la pupila de color negro, dejando en blanco un reflejo circular. Dibuje la nariz y la boca.

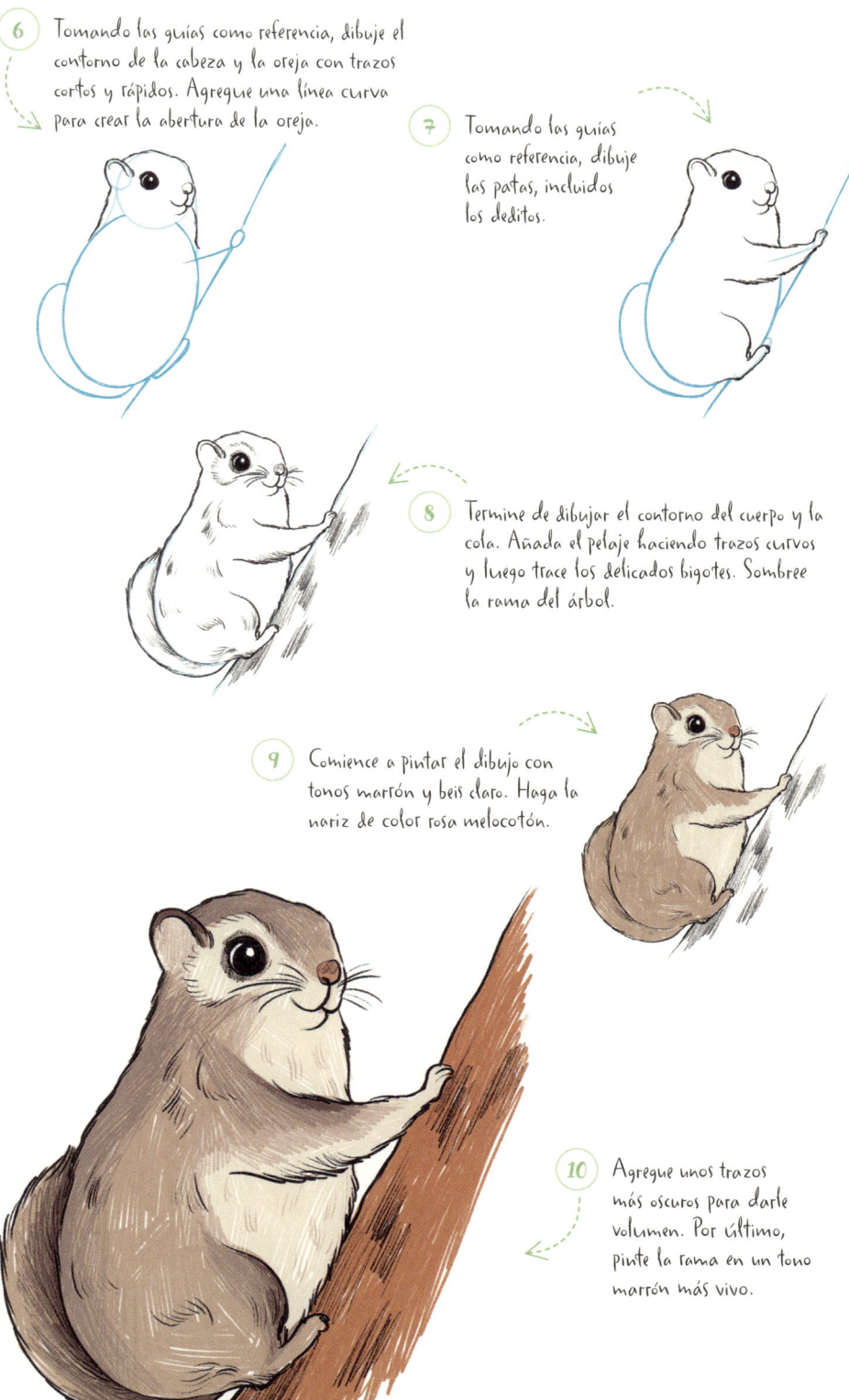

6 Tomando las guías como referencia, dibuje el contorno de la cabeza y la oreja con trazos cortos y rápidos. Agregue una línea curva para crear la abertura de la oreja.

7 Tomando las guías como referencia, dibuje las patas, incluidos los deditos.

8 Termine de dibujar el contorno del cuerpo y la cola. Añada el pelaje haciendo trazos curvos y luego trace los delicados bigotes. Sombree la rama del árbol.

9 Comience a pintar el dibujo con tonos marrón y beis claro. Haga la nariz de color rosa melocotón.

10 Agregue unos trazos más oscuros para darle volumen. Por último, pinte la rama en un tono marrón más vivo.

Quokka

El quokka, un animalito del tamaño de un gato doméstico que solo se encuentra al oeste de Australia, es ideal para aprender a dibujar pelajes.

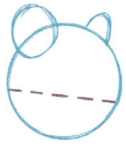

1 Esboce la cabeza con un círculo. Añada una línea discontinua que atraviese la mitad inferior del círculo. Encima de la cabeza, haga un óvalo y un semicírculo para situar las orejas.

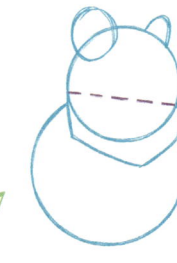

2 Debajo, esboce la forma angular de la mandíbula y, a continuación, un círculo más grande para crear el pecho.

3 Debajo del pecho, trace otro círculo un poco más grande para formar la parte trasera del cuerpo. Esboce las patitas con dos óvalos alargados.

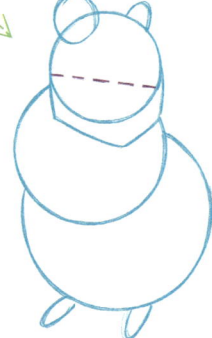

34

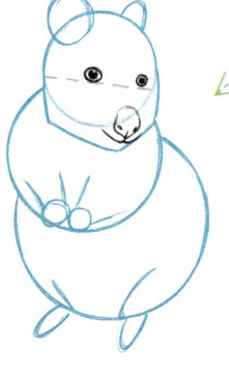

4 Dibuje los ojos sobre la línea discontinua, con las pupilas negras y los reflejos circulares blancos. Haga la nariz, con los dos orificios, y la boca.

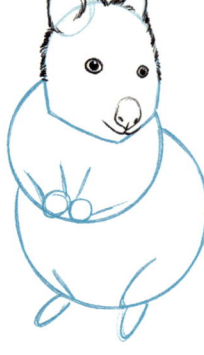

5 Dibuje el contorno de la cabeza y de las orejas con trazos cortos y rápidos para reproducir el pelaje. Añada una línea curva para crear la abertura de la oreja.

6 Tomando las guías como referencia, dibuje la mandíbula y el pecho. Añada las peludas patitas delanteras con sus delicados dedos. Haga puntitos para crear la base de los bigotes.

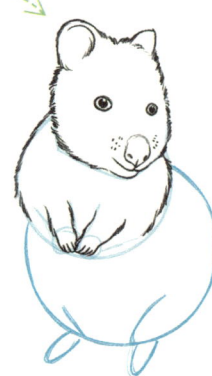

7 Tomando las guías restantes como referencia, termine de dibujar el cuerpo y las patas traseras.

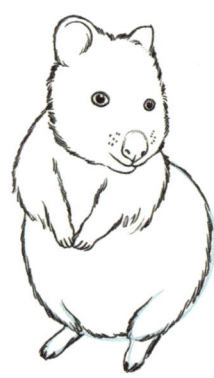

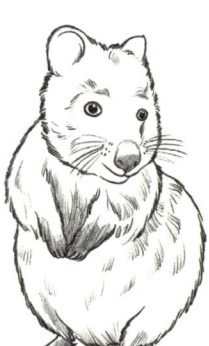

8 Empiece a sombrear el cuerpo para reproducir el pelaje. Hágalo de manera que enfatice su forma rolliza. Añada los bigotes largos y delicadas.

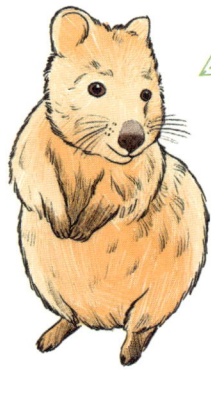

9 Utilice un color amarillo como tono base y luego pinte encima con un marrón claro. Haga los ojos y la nariz de color marrón.

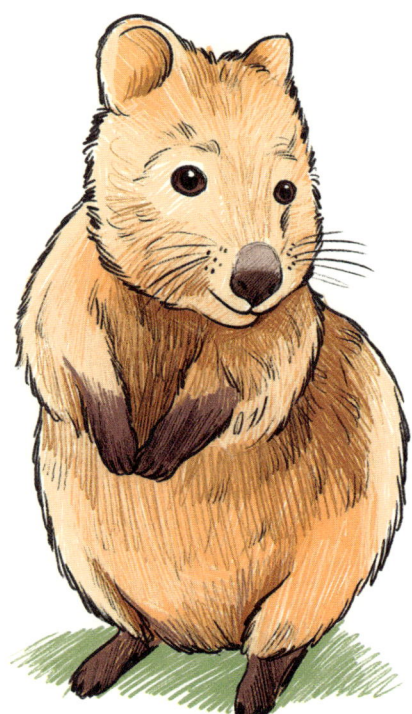

10 Agregue trazos más oscuros en las zonas que quedan a la sombra. Pinte las patitas de un tono marrón más oscuro. Por último, añada un poco de hierba verde debajo.

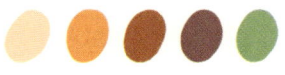

Tití emperador

Se dice que el tití emperador recibe tal nombre por su larga barba blanca, que recuerda al bigote del último emperador alemán, Guillermo II.

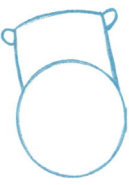

1 Esboce la barba con un círculo. Encima, trace la forma cuadrada de la cabeza y agregue un pequeño óvalo a cada lado para situar las orejas.

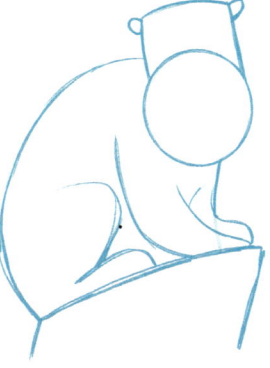

2 Forme el cuerpo con dos líneas curvas y, debajo, añada tres líneas para crear el tronco del árbol.

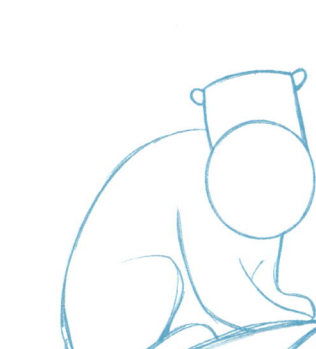

3 Esboce las patas con líneas curvas, tal como se muestra.

4 Más abajo, trace el contorno de la cola.

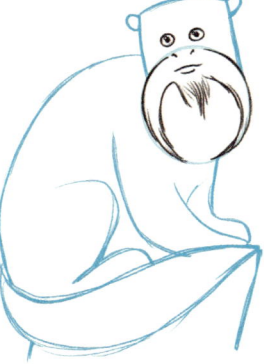

5 Dibuje los ojos y pinte las pupilas de color negro, dejando en blanco un diminuto reflejo circular. Siguiendo el borde del círculo guía, dibuje la barba con una serie de trazos largos y curvos.

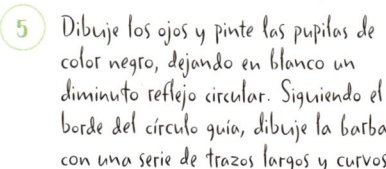

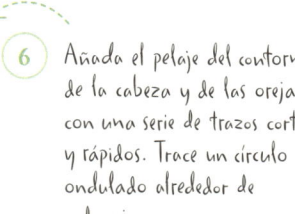

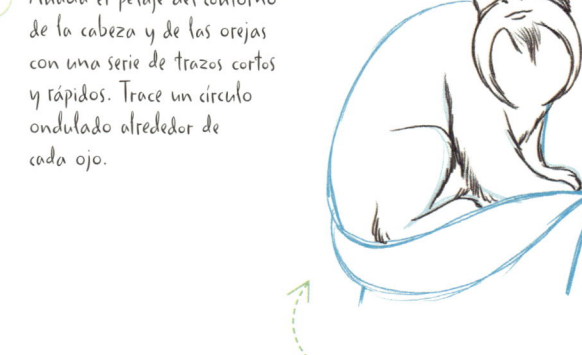

6 Añada el pelaje del contorno de la cabeza y de las orejas con una serie de trazos cortos y rápidos. Trace un círculo ondulado alrededor de cada ojo.

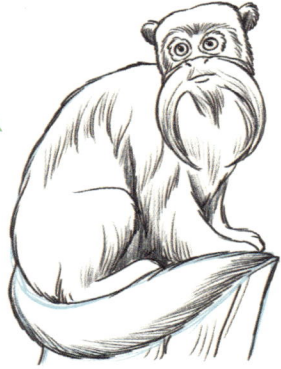

7 Siga con las patas, haciendo trazos más largos para reproducir el pelaje más largo de esta zona.

8 Termine de dibujar el contorno del cuerpo y añada algunos trazos largos más por el pelaje. Sombree un poco las zonas que quedan a la sombra.

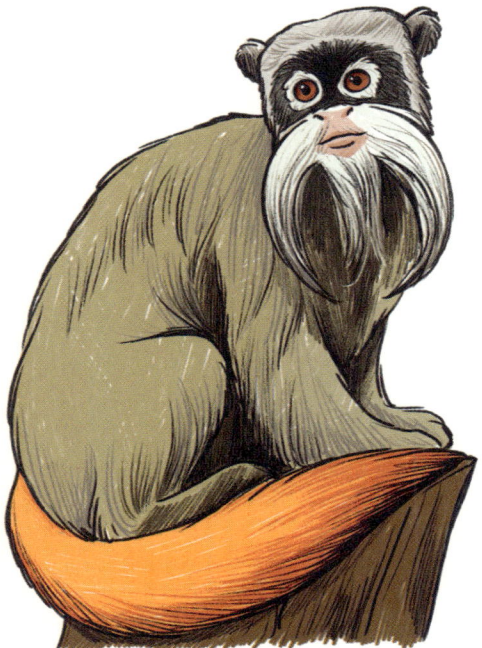

9 Pinte el cuerpo utilizando un tono verde oliva, la cara de color gris oscuro y la cola en un tono naranja vivo. Haga la parte superior de la cabeza, el contorno de los ojos y la barba de color gris pálido. Pinte los ojos de color marrón y la nariz y la boca rosas.

10 Por último, agregue unos trazos más oscuros en el pelaje.

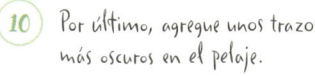

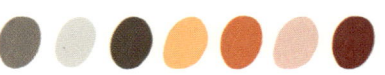

Panda rojo

El grueso pelaje y la voluminosa y larga cola ayudan al panda rojo a mantenerse calentito en los bosques de las zonas altas de Asia.

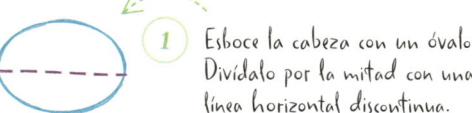

1 Esboce la cabeza con un óvalo. Divídalo por la mitad con una línea horizontal discontinua.

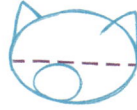

2 Haga las orejas con dos triángulos y el hocico con un círculo pequeño.

3 En el lado derecho, trace un arco para formar el cuerpo.

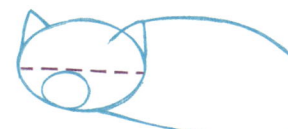

4 Añada las dos líneas guía de la rama del árbol. Trace las dos líneas guía de las patas delanteras, de modo que cada una quede a un lado de la rama, y la larga y ondulada línea de la cola.

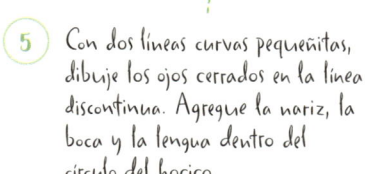

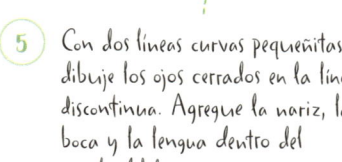

5 Con dos líneas curvas pequeñitas, dibuje los ojos cerrados en la línea discontinua. Agregue la nariz, la boca y la lengua dentro del círculo del hocico.

38

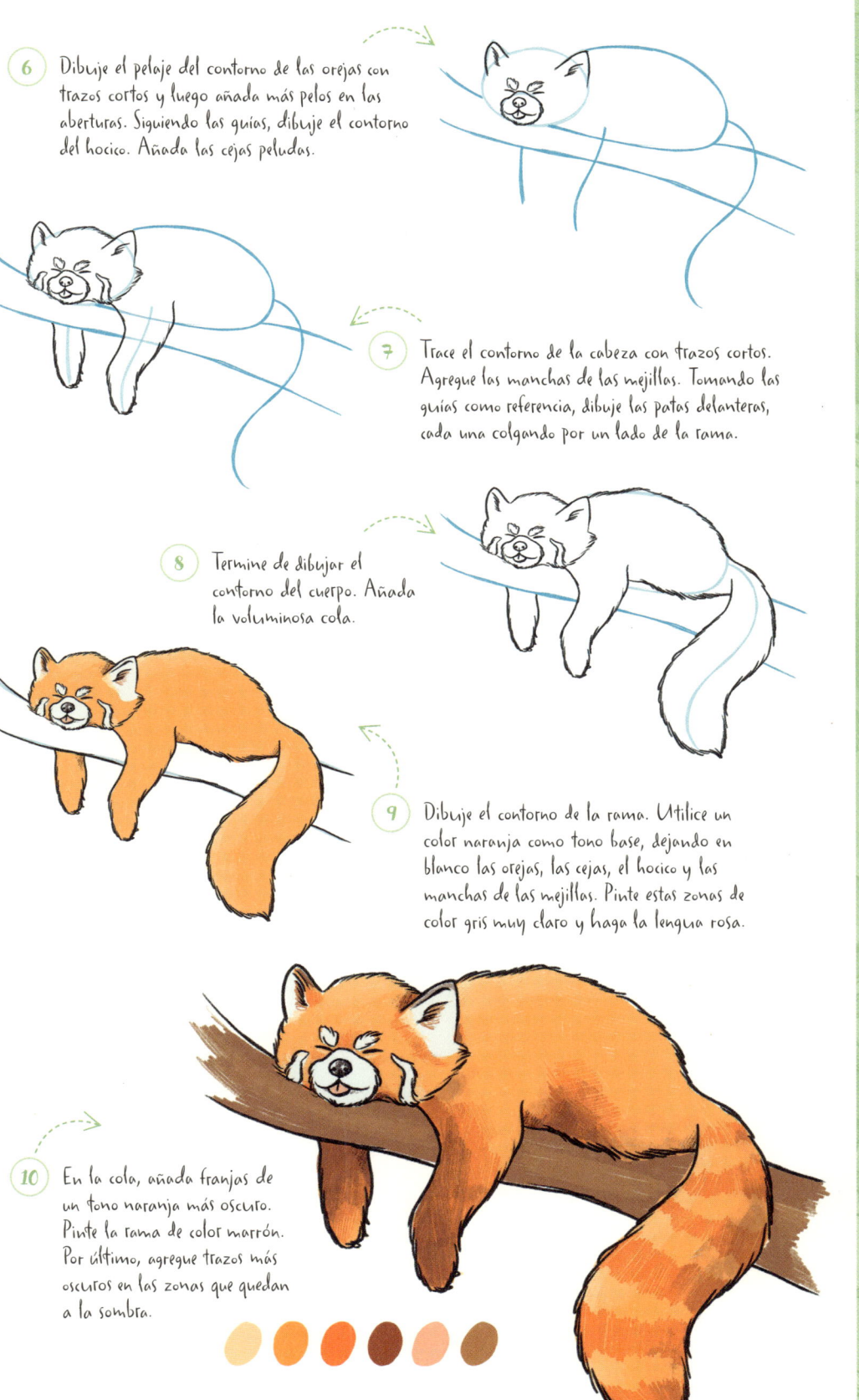

6. Dibuje el pelaje del contorno de las orejas con trazos cortos y luego añada más pelos en las aberturas. Siguiendo las guías, dibuje el contorno del hocico. Añada las cejas peludas.

7. Trace el contorno de la cabeza con trazos cortos. Agregue las manchas de las mejillas. Tomando las guías como referencia, dibuje las patas delanteras, cada una colgando por un lado de la rama.

8. Termine de dibujar el contorno del cuerpo. Añada la voluminosa cola.

9. Dibuje el contorno de la rama. Utilice un color naranja como tono base, dejando en blanco las orejas, las cejas, el hocico y las manchas de las mejillas. Pinte estas zonas de color gris muy claro y haga la lengua rosa.

10. En la cola, añada franjas de un tono naranja más oscuro. Pinte la rama de color marrón. Por último, agregue trazos más oscuros en las zonas que quedan a la sombra.

Margay

Este pequeño felino salvaje de Centroamérica y Sudamérica tiene el pelaje corto y brillante con manchas circulares y franjas de color marrón oscuro. Haga los trazos en el sentido de crecimiento del pelo, también en las manchas.

1 Esboce la cabeza con un círculo. Trace una línea discontinua que lo atraviese por la mitad inferior.

2 Para situar los ojos, añada dos óvalos pequeños debajo de la línea discontinua, tal como se muestra. En la parte inferior izquierda, esboce la nariz con dos triángulos.

3 Trace las guías de las orejas con dos arcos. Junte el ojo y la nariz con el círculo de la cabeza haciendo varios trazos cortos y curvos, tal como se muestra. Borre la parte del círculo que queda dentro de esta zona.

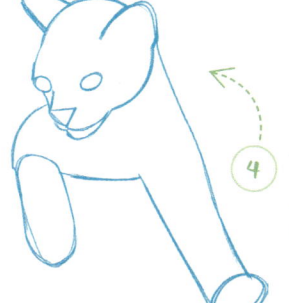

4 Trace las líneas guía del cuello y las patas, tal como se muestra.

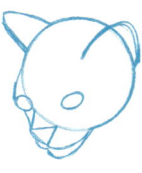

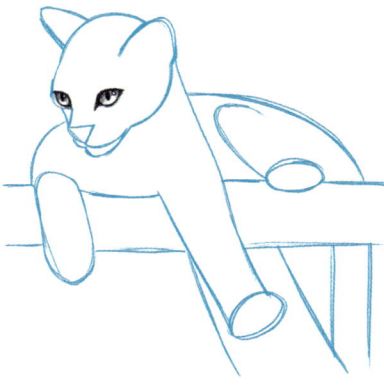

5 Esboce las ramas del árbol. Con líneas curvas, agregue el lomo, la cola y la pata trasera. Dibuje los ojos, con las pupilas negras y los diminutos reflejos circulares.

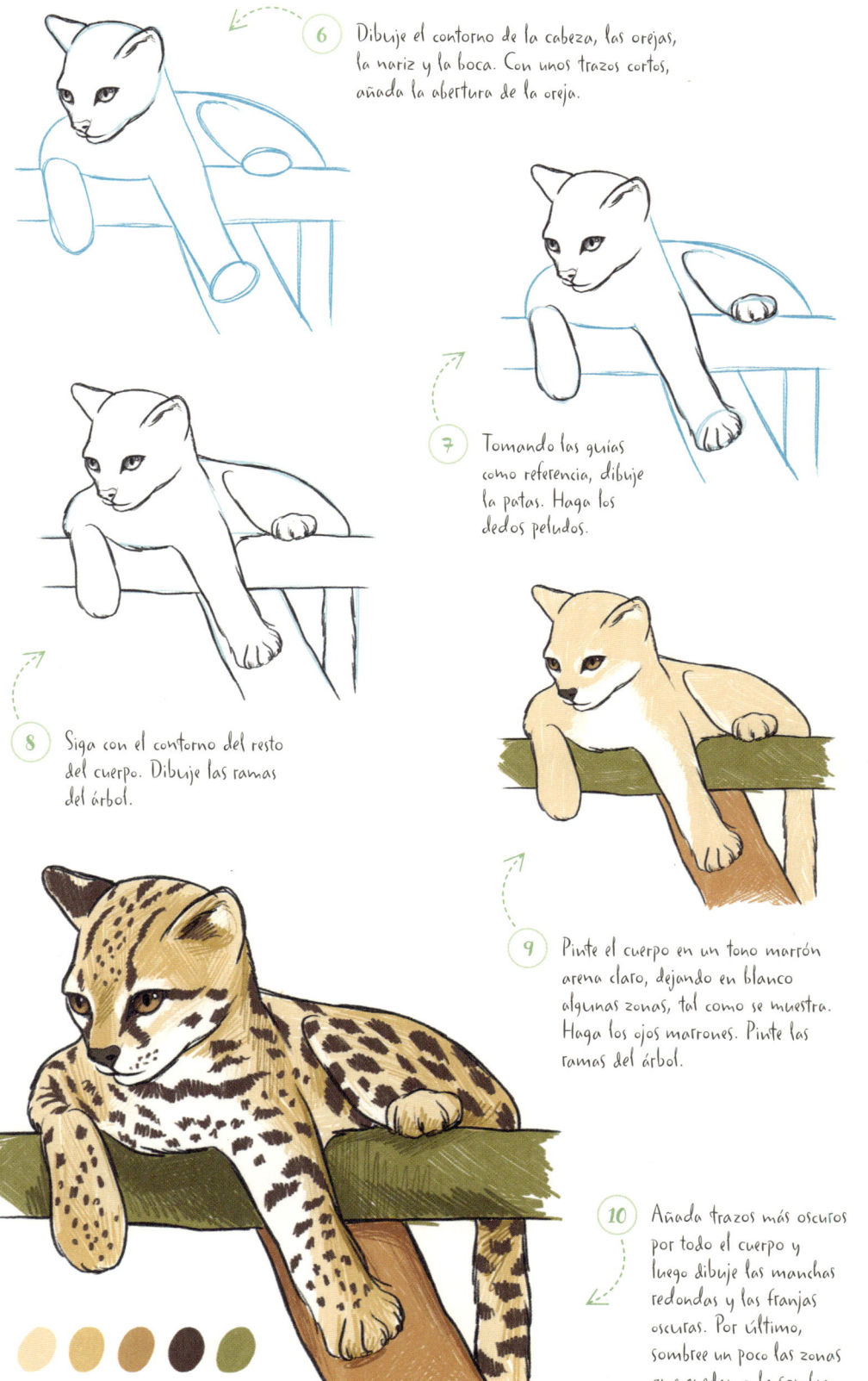

6 Dibuje el contorno de la cabeza, las orejas, la nariz y la boca. Con unos trazos cortos, añada la abertura de la oreja.

7 Tomando las guías como referencia, dibuje la patas. Haga los dedos peludos.

8 Siga con el contorno del resto del cuerpo. Dibuje las ramas del árbol.

9 Pinte el cuerpo en un tono marrón arena claro, dejando en blanco algunas zonas, tal como se muestra. Haga los ojos marrones. Pinte las ramas del árbol.

10 Añada trazos más oscuros por todo el cuerpo y luego dibuje las manchas redondas y las franjas oscuras. Por último, sombree un poco las zonas que quedan a la sombra.

Loris perezoso

Los enormes ojos redondos de este primate del sureste asiático destacan aún más gracias a las manchas oscuras que los rodean.

1 Esboce la cabeza con un círculo y las orejas con dos pequeños semicírculos. Divida la cabeza por la mitad con una línea horizontal discontinua.

2 Agregue las líneas guía curvas de su pata delantera derecha, incluida la mano cerrada.

3 Esboce la otra pata delantera y, con un óvalo, haga la mano que agarra la ramita. Trace la pata trasera con el pie agarrado a la rama.

4 Esboce las hojas de la rama inferior. Añada la otra pata trasera con el pie apoyado encima.

5 Dibuje los grandes ojos redondos debajo de la línea discontinua. Agregue las diminutas pupilas negras, dejando en blanco los reflejos circulares. Dibuje la nariz y la boca con líneas curvas.

6 Dibuje el contorno de la cabeza y de las orejas con una serie de trazos cortos y rápidos.

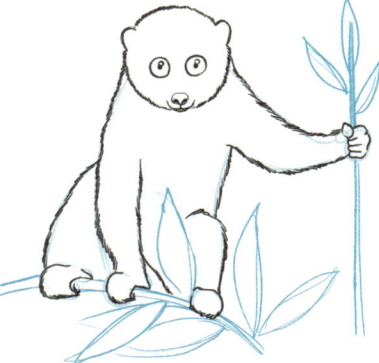

7 Siga con el pelaje del contorno del cuerpo tomando las guías como referencia.

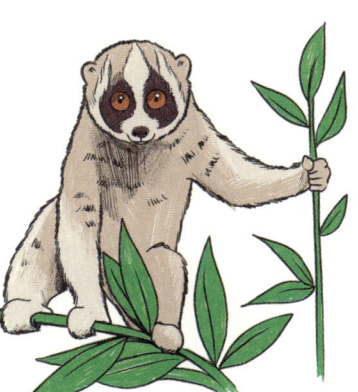

8 Dibuje las manchas de la cara. Con trazos cortos, agregue pelaje por todo el cuerpo. Sombree el pecho. Dibuje las ramas con las hojas.

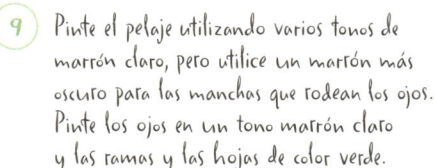

43

9 Pinte el pelaje utilizando varios tonos de marrón claro, pero utilice un marrón más oscuro para las manchas que rodean los ojos. Pinte los ojos en un tono marrón claro y las ramas y las hojas de color verde.

10 Por último, agregue unos trazos más oscuros en las zonas que quedan a la sombra.

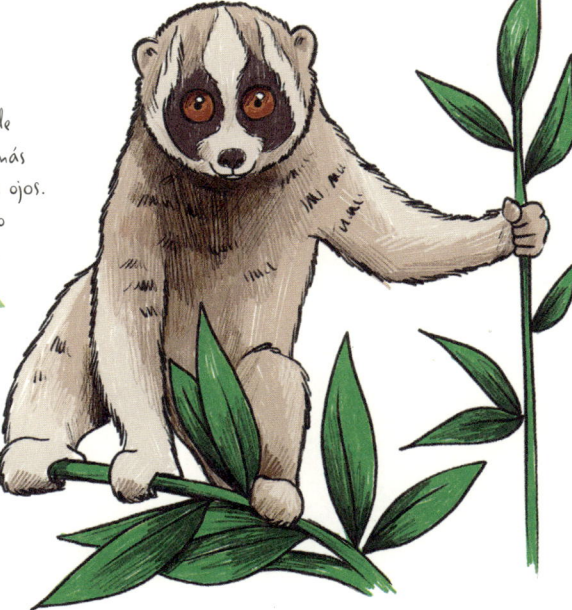

Ardilla de Siberia

En invierno, las ardillas de Siberia almacenan comida en sus madrigueras, transportando las semillas y los frutos secos en sus sacos bucales.

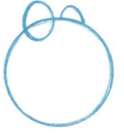

1 Esboce la cabeza con un círculo. Añada un óvalo y un arco para situar las orejas.

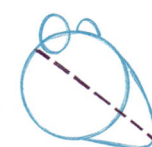

2 Abajo a la derecha, haga una «U» para formar el hocico. Divida la cabeza por la mitad con una línea discontinua.

3 Trace las líneas guía del cuello y la pata delantera, con un círculo en el extremo.

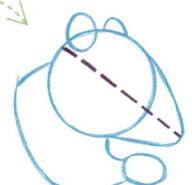

44

4 Agregue un arco pequeño para crear la otra mano y luego trace dos líneas curvas entre las manos y la nariz. Esboce el cuerpo con dos líneas curvas y las patitas traseras con dos óvalos. Agregue la forma tubular ondulada de la cola.

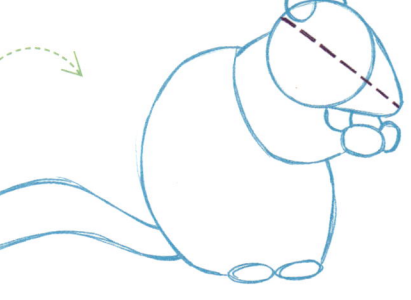

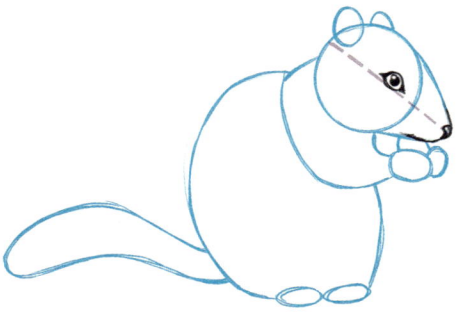

5 Dibuje el ojo sobre la línea discontinua. Añada la pupila negra, dejando en blanco un diminuto reflejo circular. Haga la nariz y la boca dentro del hocico.

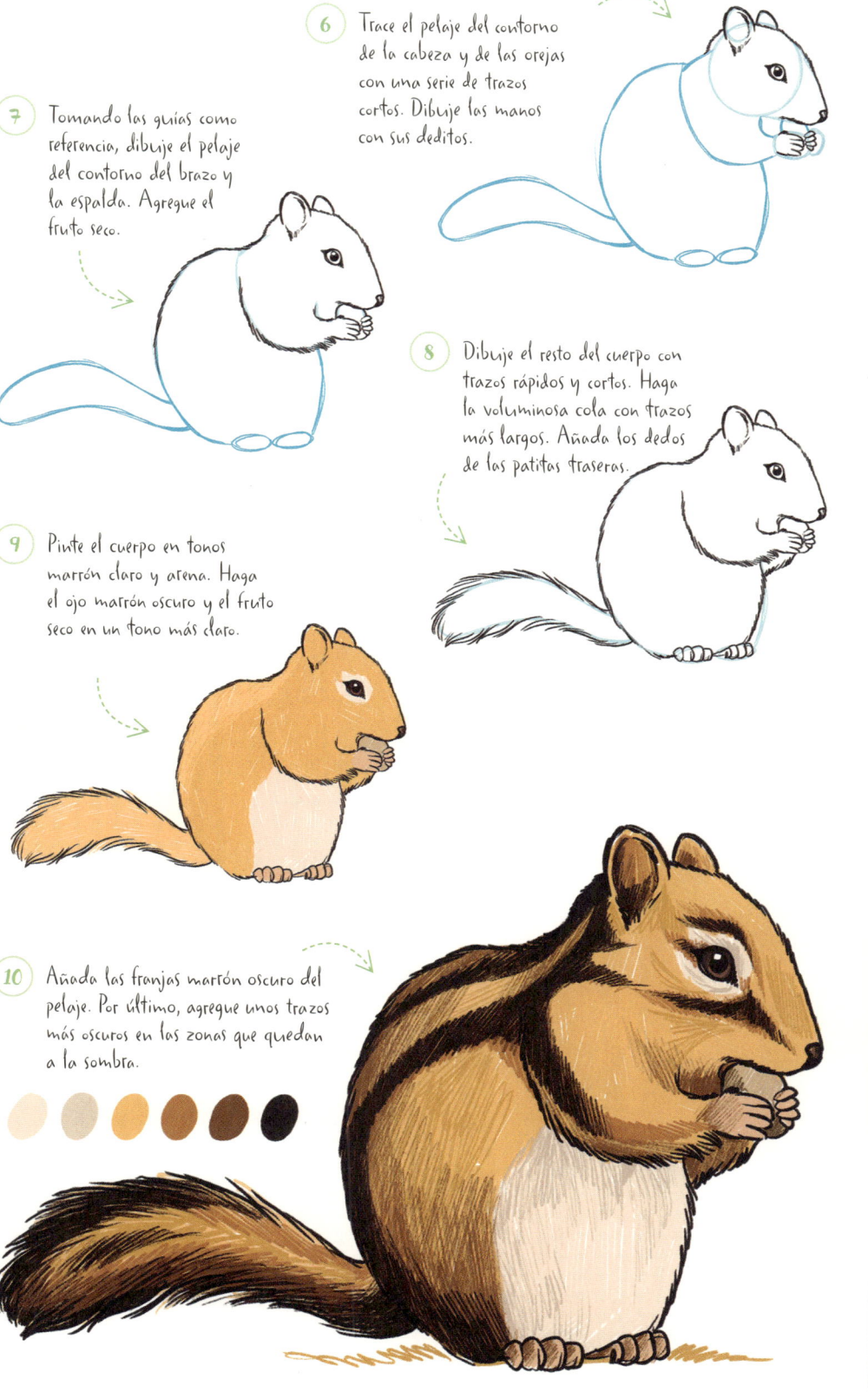

6 Trace el pelaje del contorno de la cabeza y de las orejas con una serie de trazos cortos. Dibuje las manos con sus deditos.

7 Tomando las guías como referencia, dibuje el pelaje del contorno del brazo y la espalda. Agregue el fruto seco.

8 Dibuje el resto del cuerpo con trazos rápidos y cortos. Haga la voluminosa cola con trazos más largos. Añada los dedos de las patitas traseras.

9 Pinte el cuerpo en tonos marrón claro y arena. Haga el ojo marrón oscuro y el fruto seco en un tono más claro.

10 Añada las franjas marrón oscuro del pelaje. Por último, agregue unos trazos más oscuros en las zonas que quedan a la sombra.

Koala

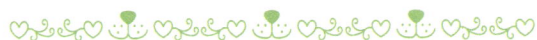

Los pequeños ojos del koala contrastan con sus grandes y suaves orejas
y su nariz coriácea con forma de cuchara.

1 Esboce la cabeza con un círculo. Trace una línea discontinua que lo atraviese por la mitad inferior. Haga las orejas con dos semicírculos.

2 Trace la línea guía de una pata delantera, con un círculo en el extremo. Con dos líneas, esboce la rama a la cual se agarra el koala.

3 Trace las guías de las patas restantes, con los círculos en los extremos. Fíjese en su posición en relación con la rama.

4 Sobre la línea discontinua, dibuje los ojitos negros, dejando en blanco los diminutos reflejos circulares. Debajo, añada la nariz con forma de cuchara.

5 Haga los detalles de la pata derecha delantera. Dibuje las orejas con una serie de trazos cortos para reproducir el pelaje.

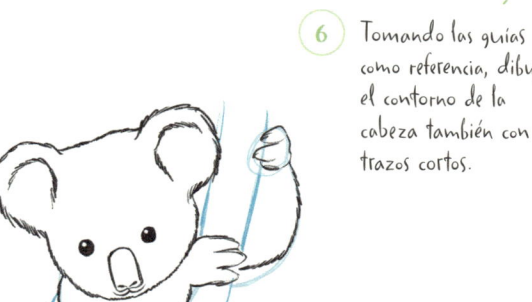

6 Tomando las guías como referencia, dibuje el contorno de la cabeza también con trazos cortos.

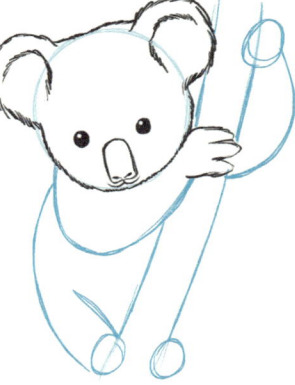

7 Trace los brazos del mismo modo. Agregue los dedos de la otra pata delantera.

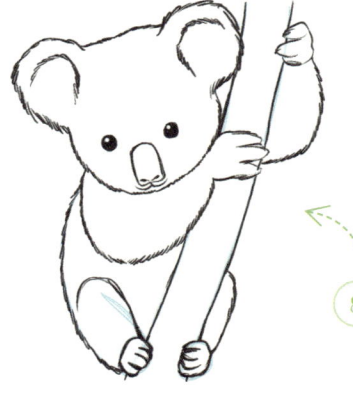

8 Termine de hacer el contorno del resto del cuerpo y de la rama.

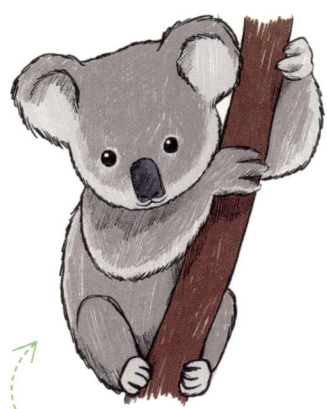

9 Pinte el cuerpo de color gris, haciendo más claros los bordes y las patas traseras. Coloree la nariz y la rama.

10 Por último, agregue unos trazos más oscuros en las zonas que quedan a la sombra.

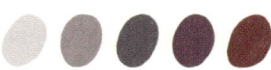

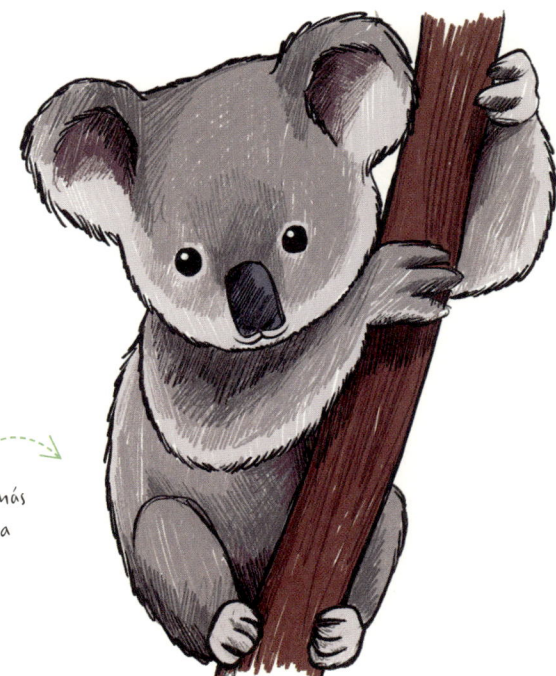

Mono ardilla

En esta postura y mirándonos directamente con sus enormes ojos,
el mono ardilla es irresistiblemente adorable.

① Esboce la cabeza con un círculo.
Divídalo por la mitad con un línea
recta que sobresalga por la izquierda.
Con dos líneas curvas, una el extremo
de la línea con el círculo para formar
la mandíbula.

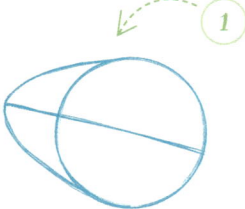

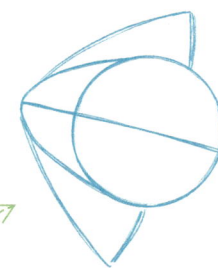

② Haga un triángulo arriba
y otro abajo para situar
las orejas.

③ Trace la línea recta de la
rama a la cual se sujeta el
mono. Añada las cuatro
líneas curvas de los brazos.

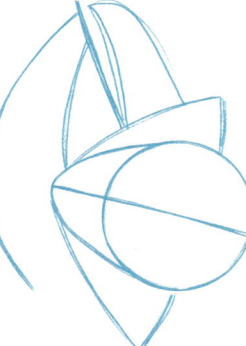

④ Haga las dos líneas guía del cuerpo.
Tomando las guías como referencia,
dibuje los ojos y los orificios nasales.
Pinte las pupilas negras, dejando en
blanco los bordes, tal como se muestra.

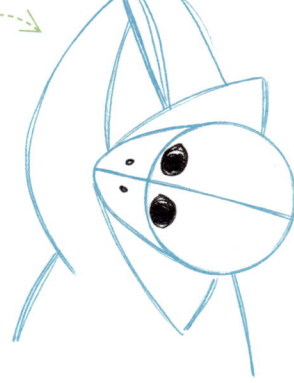

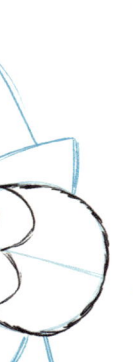

⑤ Dibuje las líneas curvas del hocico.
Trace el contorno de la cabeza con
una serie de trazos muy cortos.
Agregue dos líneas curvas en la frente.

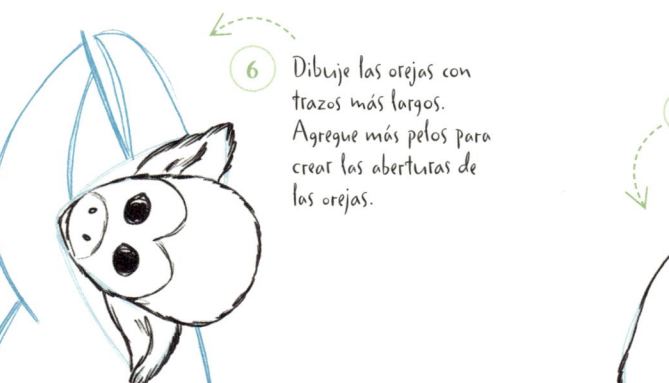

6 Dibuje las orejas con trazos más largos. Agregue más pelos para crear las aberturas de las orejas.

7 Haga los brazos y la rama.

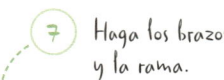

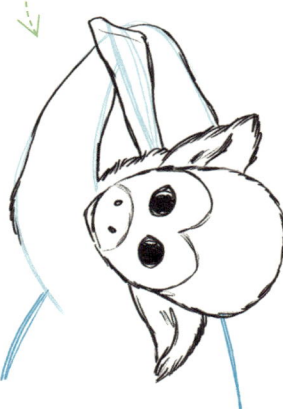

8 Termine de dibujar el contorno del cuerpo variando la longitud de los trazos. Empiece a sombrear las zonas que quedan a la sombra.

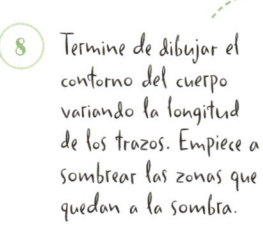

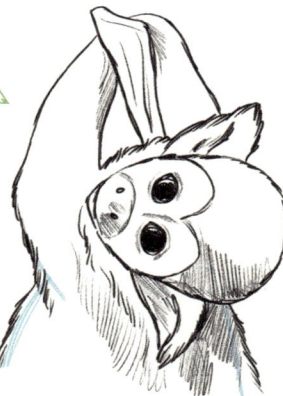

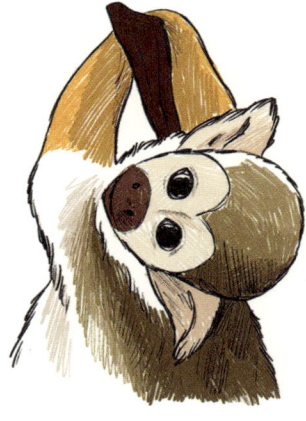

9 Pinte la cara y las orejas en un tono marrón arena claro, el hocico de color marrón, los brazos amarillos y la cabeza y el cuerpo de color verde oliva.

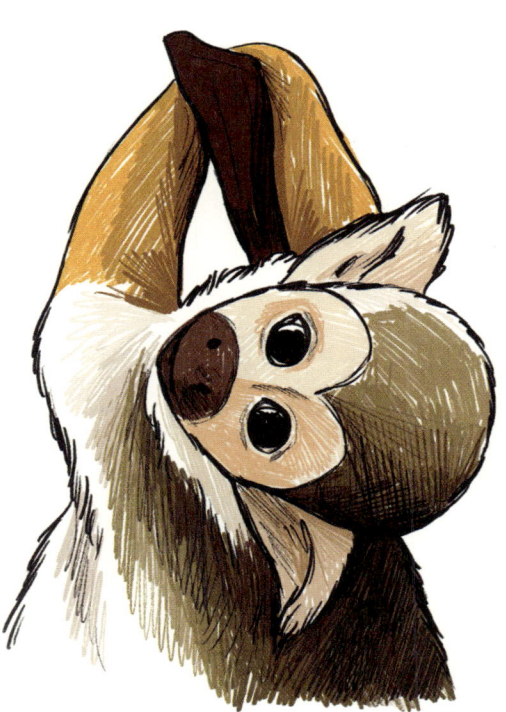

10 Por último, agregue unos trazos más oscuros por el pelaje para darle volumen.

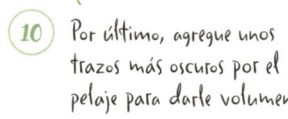

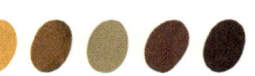

Saltarrocas

Para dibujar las patas del saltarrocas en la posición correcta, preste atención a las formas guía de las articulaciones de las rodillas y de los tobillos.

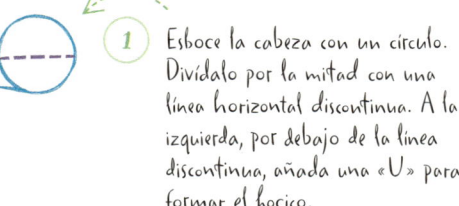

1 Esboce la cabeza con un círculo. Divídalo por la mitad con una línea horizontal discontinua. A la izquierda, por debajo de la línea discontinua, añada una «U» para formar el hocico.

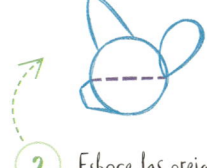

2 Esboce las orejas con dos arcos.

3 Trace las dos líneas guía del cuerpo y forme el cuerpo con un óvalo grande.

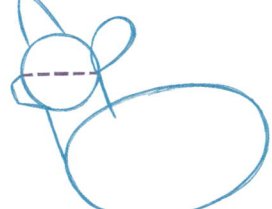

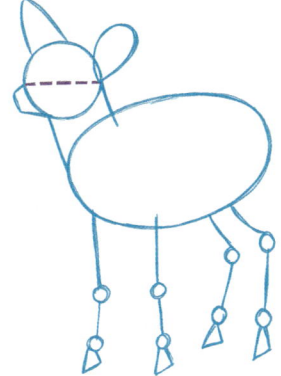

4 Agregue las líneas guía de las cuatro patas, haciendo las articulaciones de las rodillas y los tobillos con circulitos y las pezuñas con triángulos. Observe cómo se doblan las patas traseras.

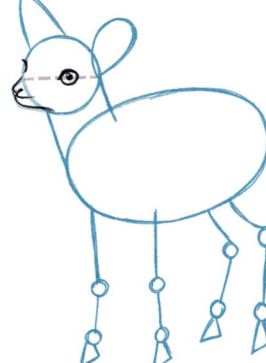

5 Dibuje el ojo en la línea discontinua, incluido el diminuto reflejo circular. Trace la barbilla y la nariz tomando las guías como referencia y luego añada una pequeña boca.

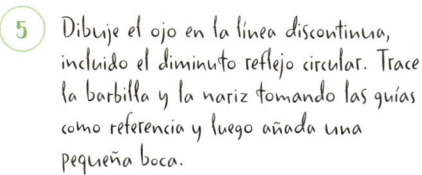

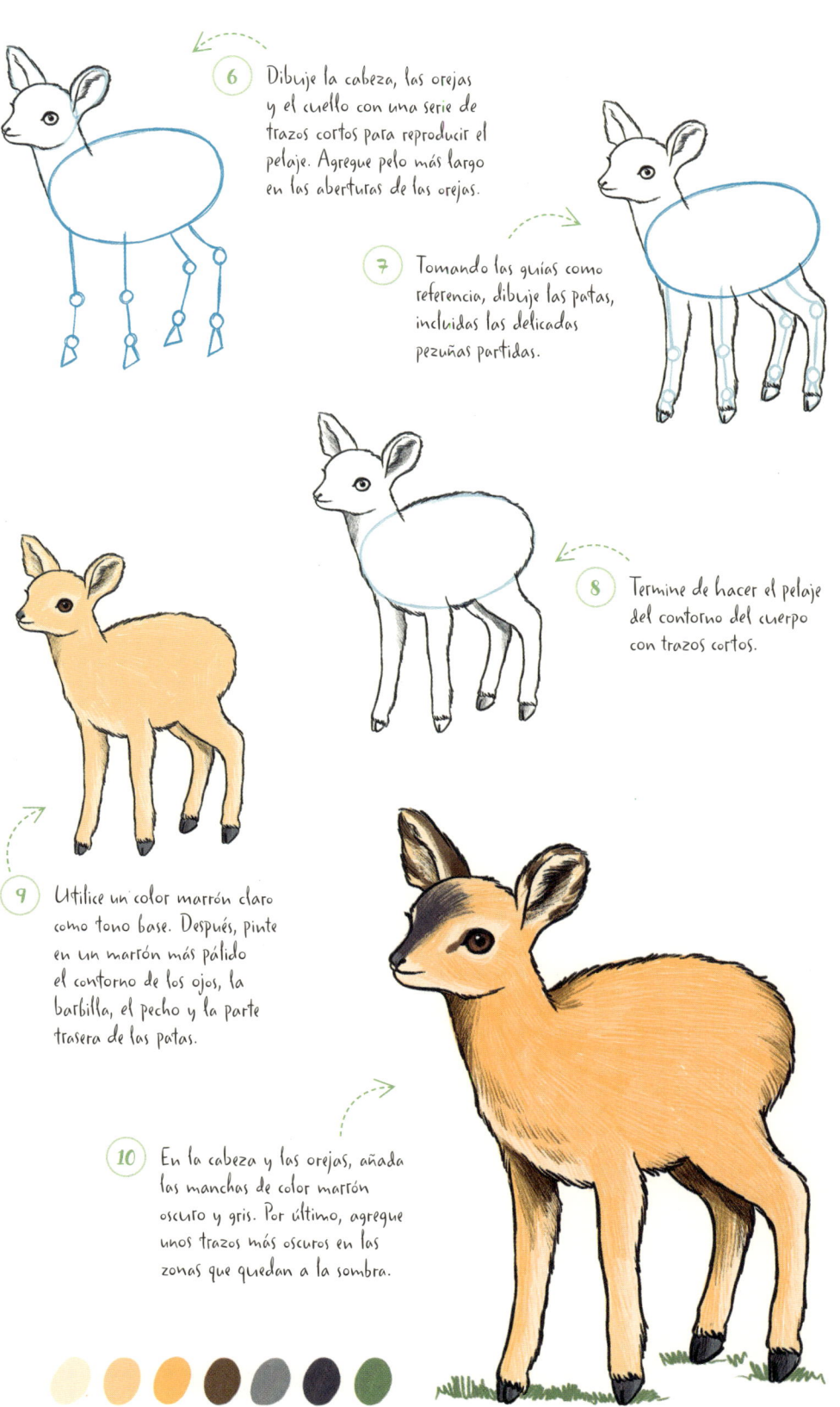

6 Dibuje la cabeza, las orejas y el cuello con una serie de trazos cortos para reproducir el pelaje. Agregue pelo más largo en las aberturas de las orejas.

7 Tomando las guías como referencia, dibuje las patas, incluidas las delicadas pezuñas partidas.

8 Termine de hacer el pelaje del contorno del cuerpo con trazos cortos.

9 Utilice un color marrón claro como tono base. Después, pinte en un marrón más pálido el contorno de los ojos, la barbilla, el pecho y la parte trasera de las patas.

10 En la cabeza y las orejas, añada las manchas de color marrón oscuro y gris. Por último, agregue unos trazos más oscuros en las zonas que quedan a la sombra.

Perezoso

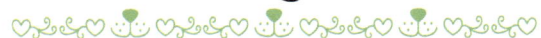

No hay nada más mono que un perezoso que duerme, que es lo que hacen durante más de 15 horas al día, tumbados sobre una rama, mientras digieren poco a poco la comida.

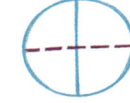

1 Esboce la cabeza con un círculo ligeramente ovalado. Divídalo por la mitad con dos líneas, tal como se muestra.

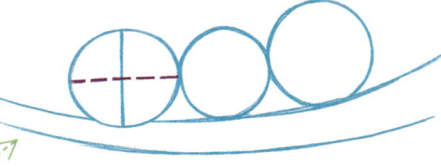

2 Trace las dos líneas curvas de la rama y, a la derecha del primer círculo, añada dos más para formar el cuerpo. El círculo central debe ser un poco más pequeño que los otros dos.

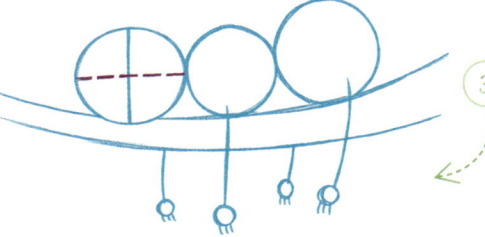

3 Haga las líneas guía de las cuatro patas, con un círculo en cada extremo. Agregue las garras con trazos pequeños. Observe la posición de las patas en relación con los círculos.

4 Agregue otro círculo dentro de la cabeza. Para dar forma al lomo, una los tres círculos principales con una línea curva.

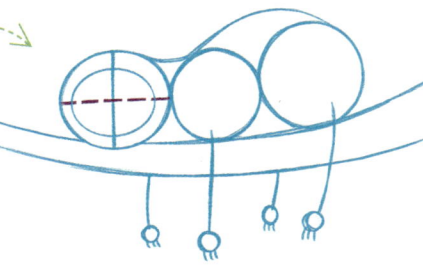

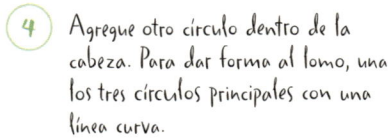

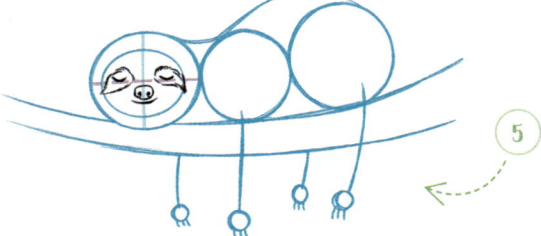

5 Dentro del círculo interior de la cabeza, dibuje los ojos cerrados, la nariz, la boca y las manchas que rodean los ojos.

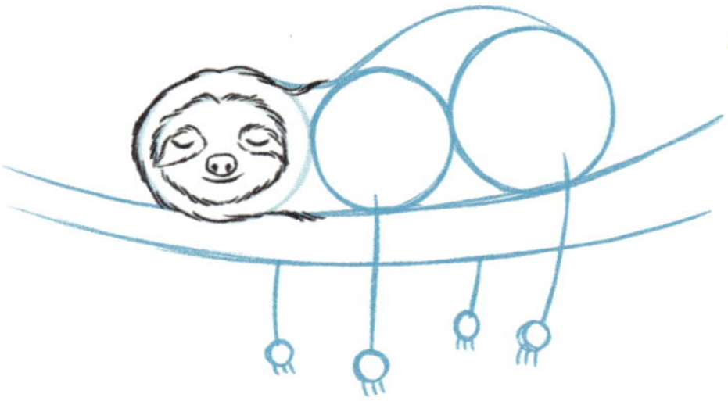

6 Trace el pelaje del contorno de la cabeza y de la cara con una serie de trazos cortos.

7 Tomando las guías como referencia, dibuje las dos patas que quedan en primer plano, en el mismo lado de la rama.

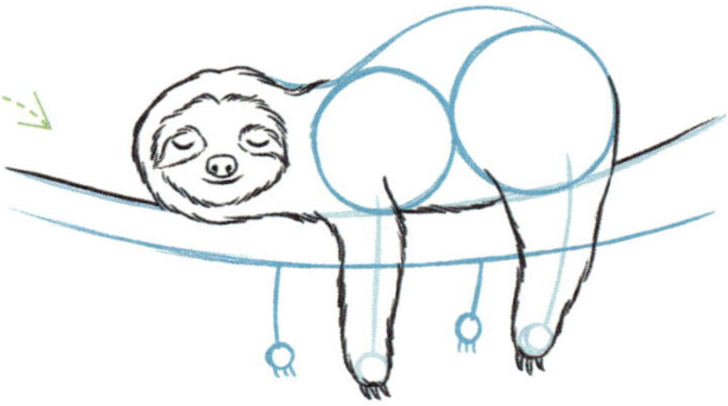

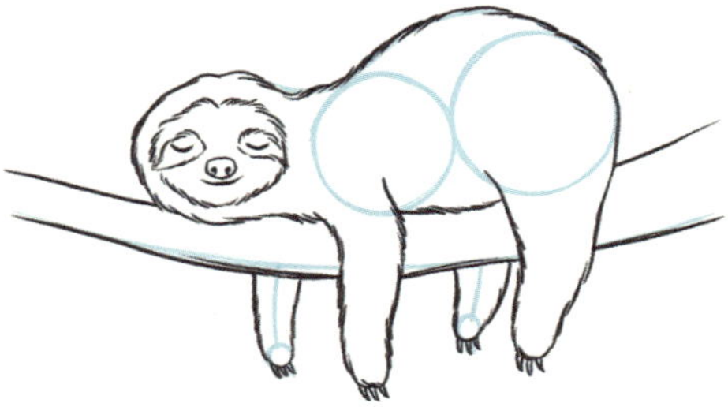

8 Haga las otras dos patas, el lomo y la rama.

9 Píntelo todo de color marrón, excepto la cara, que es de un marrón más claro. Haga la nariz de color gris.

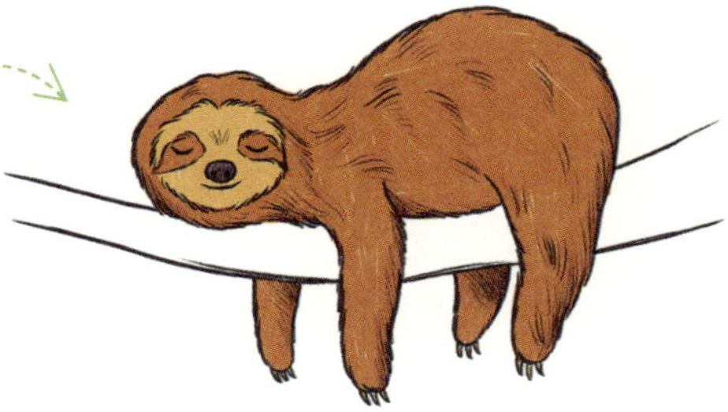

10 Añada más trazos curvos por todo el cuerpo para reproducir el pelaje. Pinte la rama en un tono verdoso. Por último, agregue unos trazos más oscuros en las zonas que quedan a la sombra.

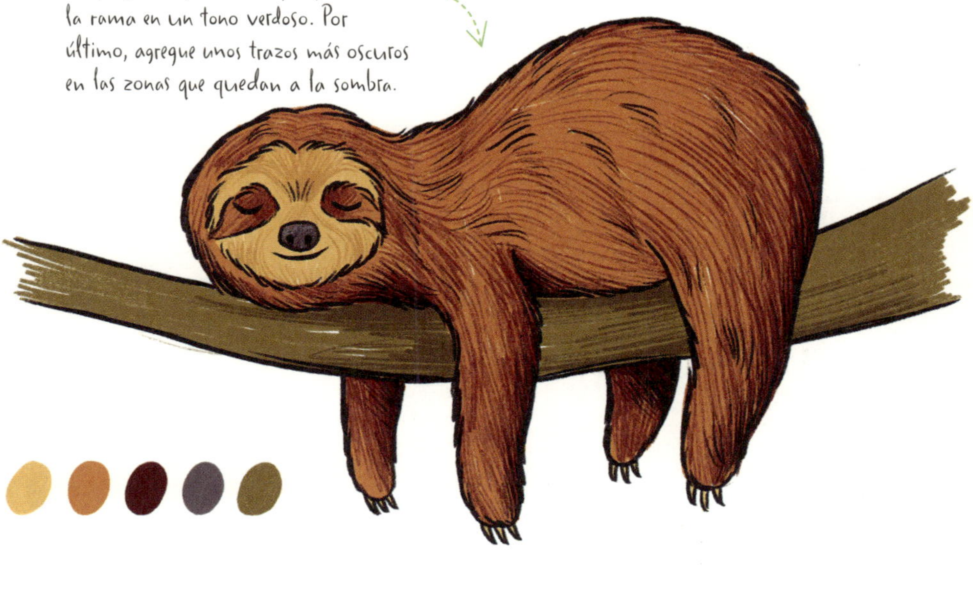

Okapi

El okapi, también conocido como jirafa de la selva, procede de la República Democrática del Congo y es el único pariente vivo de la jirafa.

1 Esboce la cabeza con un círculo. Debajo, añada una «U» para crear el hocico.

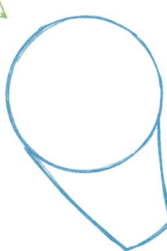

2 Trace una de las orejas con forma de triángulo.

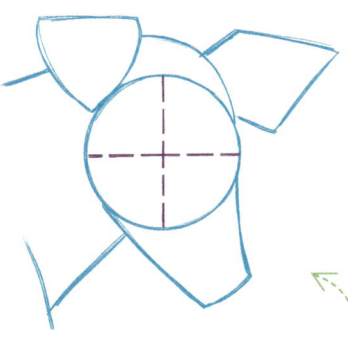

3 Haga una línea curva para formar la parte superior de la cabeza y luego agregue las líneas del cuello y del hombro. Añada la forma cuadrada de la otra oreja. Trace dos líneas perpendiculares discontinuas dentro del círculo.

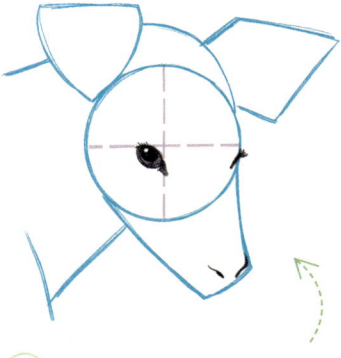

4 Dibuje los ojos debajo de la línea horizontal discontinua; observe que solo es visible una pequeña parte del segundo ojo. Añada la pupila negra, dejando en blanco un reflejo circular. Haga los pequeños trazos de los orificios nasales.

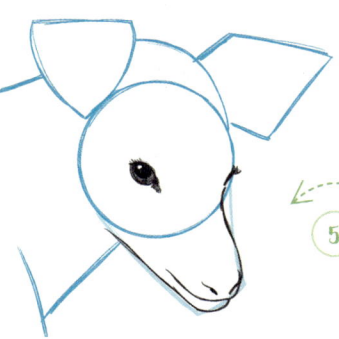

5 Trace el contorno del hocico siguiendo las guías y luego agregue la línea curva de la boca.

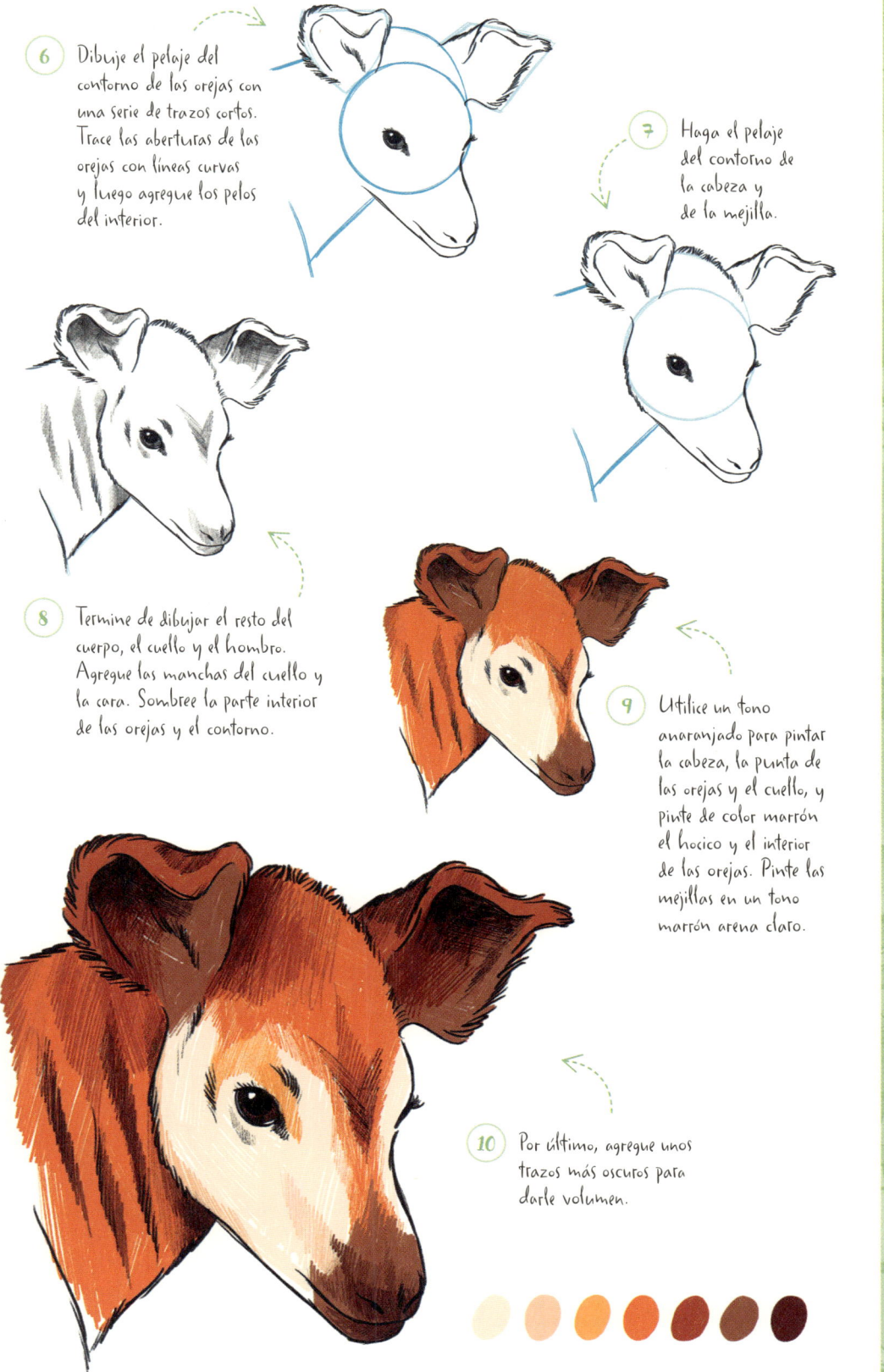

6   Dibuje el pelaje del contorno de las orejas con una serie de trazos cortos. Trace las aberturas de las orejas con líneas curvas y luego agregue los pelos del interior.

7   Haga el pelaje del contorno de la cabeza y de la mejilla.

8   Termine de dibujar el resto del cuerpo, el cuello y el hombro. Agregue las manchas del cuello y la cara. Sombree la parte interior de las orejas y el contorno.

9   Utilice un tono anaranjado para pintar la cabeza, la punta de las orejas y el cuello, y pinte de color marrón el hocico y el interior de las orejas. Pinte las mejillas en un tono marrón arena claro.

10   Por último, agregue unos trazos más oscuros para darle volumen.

Quol tigre

El quol tigre también se conoce como quol de cola moteada, porque es la única especie de quol que tiene manchas en la cola además de en el cuerpo.

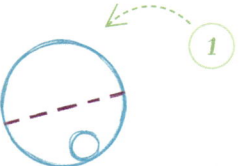

1 Esboce la cabeza con un círculo. Divídalo por la mitad con una línea discontinua. Dentro del círculo, abajo a la derecha, trace otro círculo más pequeño, que será la nariz.

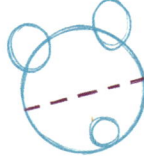

2 Agregue dos óvalos pequeños en la parte superior para situar las orejas.

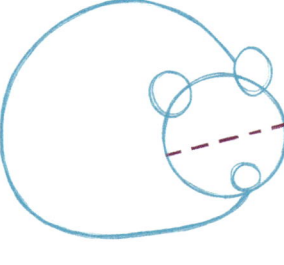

56

3 En el lado izquierdo, esboce una forma circular grande para formar el cuerpo.

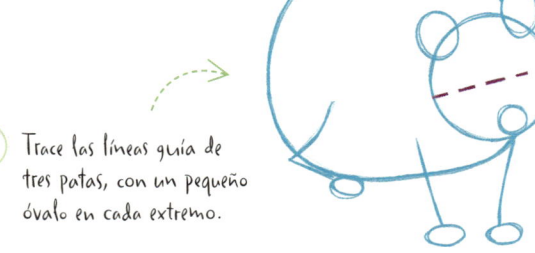

4 Trace las líneas guía de tres patas, con un pequeño óvalo en cada extremo.

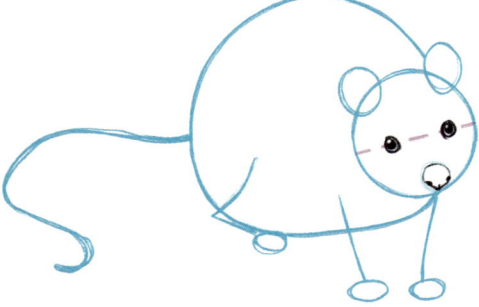

5 Dibuje los ojos en la línea discontinua. Agregue las pupilas negras, dejando en blancos los reflejos circulares. Dibuje una nariz redonda más abajo y luego trace la línea guía de la larga y ondulada cola.

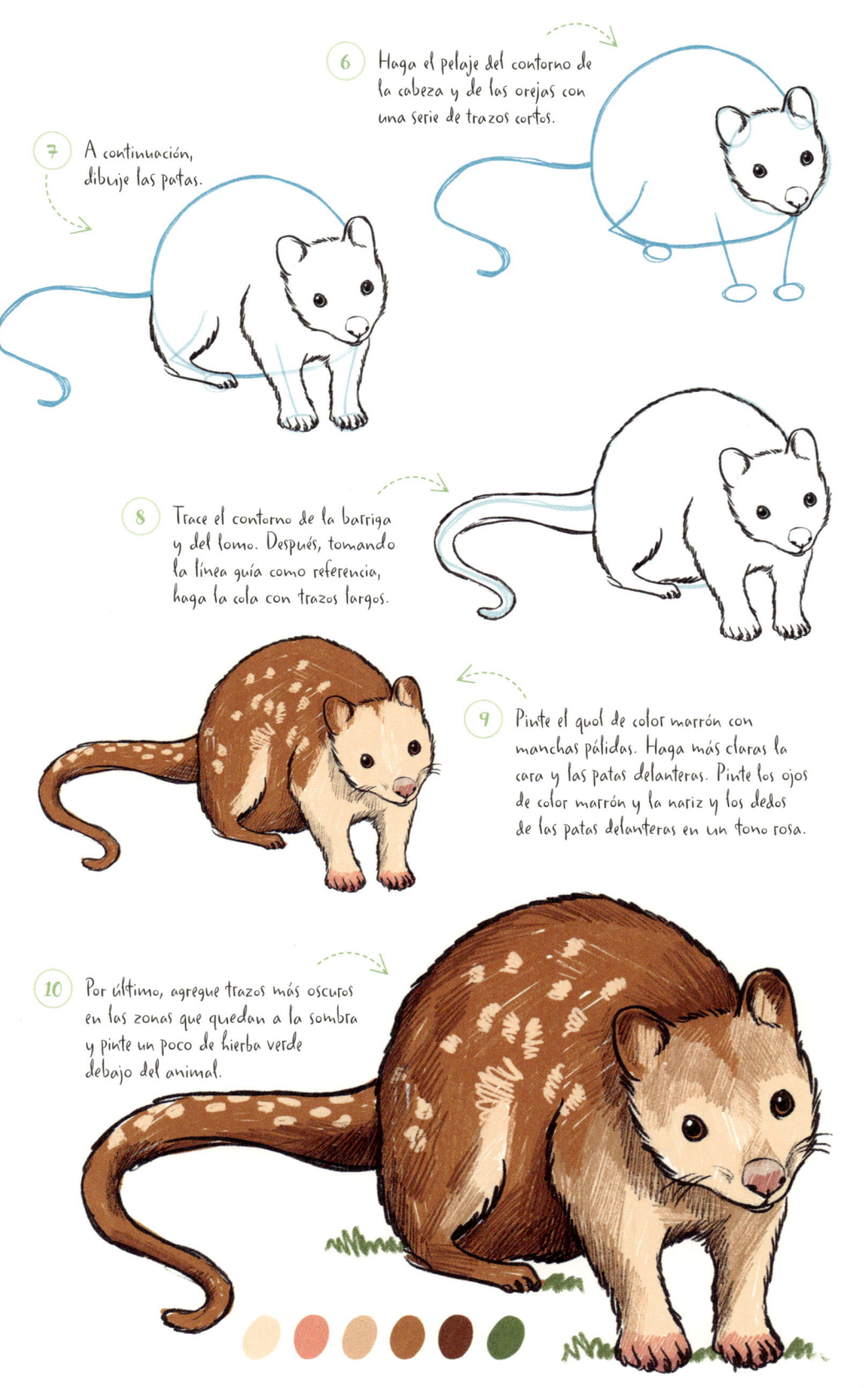

6 Haga el pelaje del contorno de la cabeza y de las orejas con una serie de trazos cortos.

7 A continuación, dibuje las patas.

8 Trace el contorno de la barriga y del lomo. Después, tomando la línea guía como referencia, haga la cola con trazos largos.

9 Pinte el quol de color marrón con manchas pálidas. Haga más claras la cara y las patas delanteras. Pinte los ojos de color marrón y la nariz y los dedos de las patas delanteras en un tono rosa.

10 Por último, agregue trazos más oscuros en las zonas que quedan a la sombra y pinte un poco de hierba verde debajo del animal.

Oso panda

El tamaño relativamente pequeño de los ojos del oso panda se ve realzado por las manchas negras que los rodean.

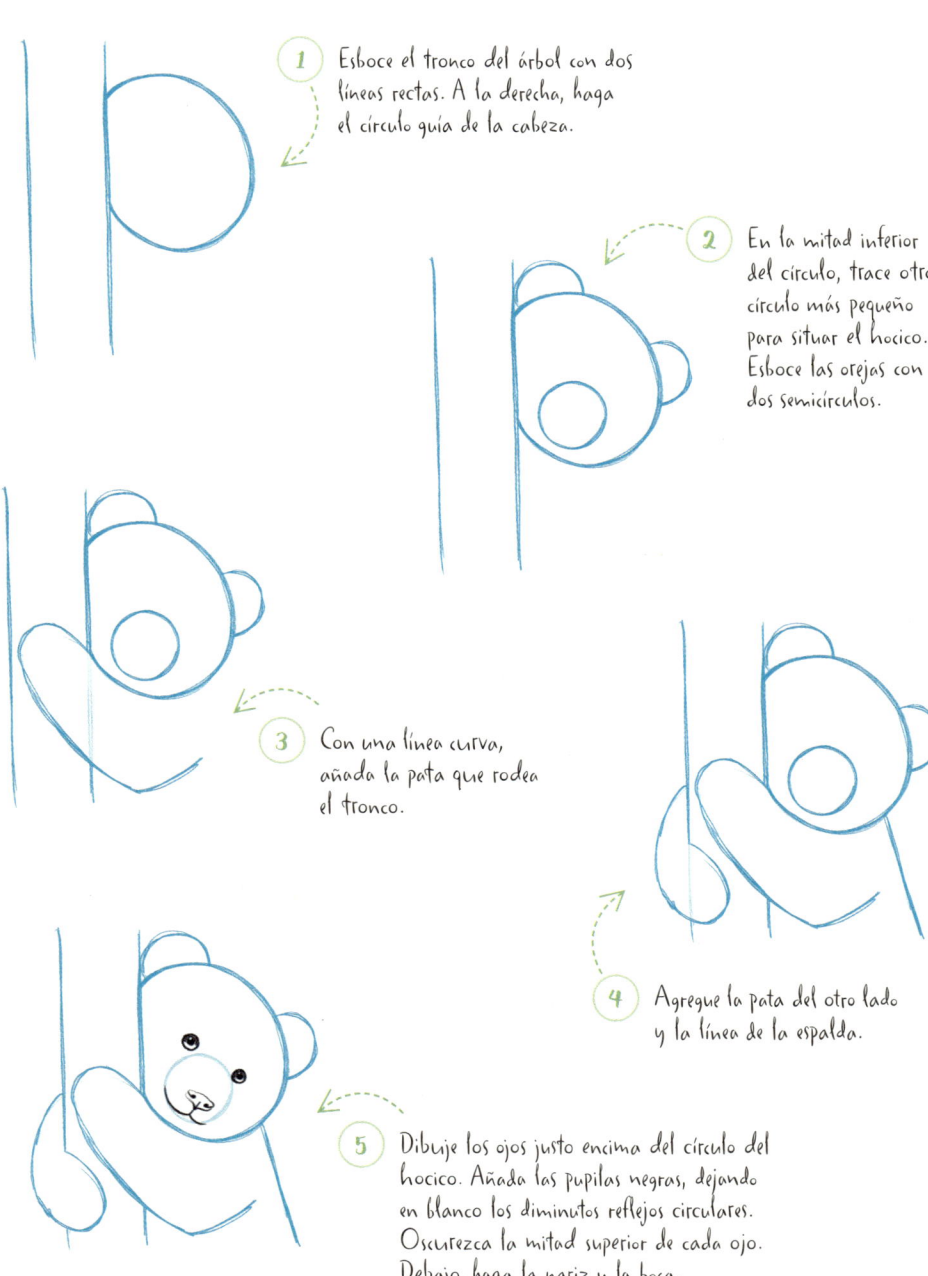

1. Esboce el tronco del árbol con dos líneas rectas. A la derecha, haga el círculo guía de la cabeza.

2. En la mitad inferior del círculo, trace otro círculo más pequeño para situar el hocico. Esboce las orejas con dos semicírculos.

3. Con una línea curva, añada la pata que rodea el tronco.

4. Agregue la pata del otro lado y la línea de la espalda.

5. Dibuje los ojos justo encima del círculo del hocico. Añada las pupilas negras, dejando en blanco los diminutos reflejos circulares. Oscurezca la mitad superior de cada ojo. Debajo, haga la nariz y la boca.

6 Trace el pelaje del contorno de la cabeza
y de las orejas con trazos cortos y rápidos.
Dibuje las manchas que rodean los ojos.

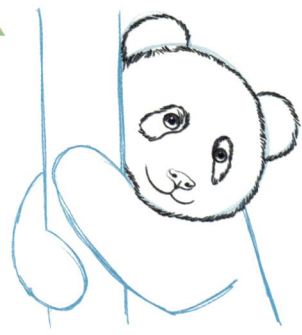

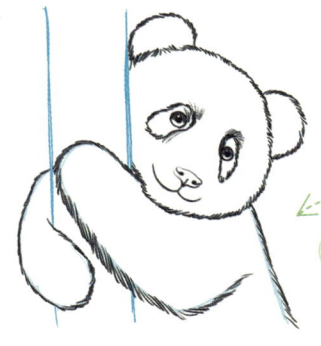

7 Siga con la espalda
y las patas.

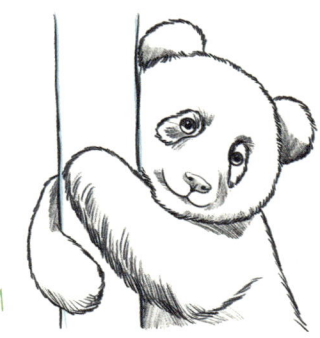

8 Dibuje el tronco y
añada algunas sombras.

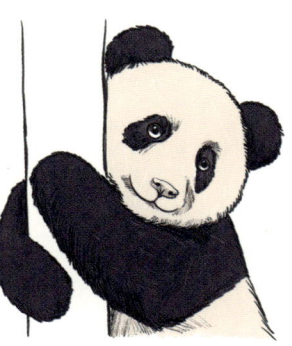

9 Pinte las orejas, los ojos
y los brazos de color gris
oscuro o negro. Haga la
cara y el cuerpo en un
tono beis claro.

10 Pinte los ojos y el tronco
de color marrón. Por último,
agregue unos trazos más
oscuros en las zonas que
quedan a la sombra.

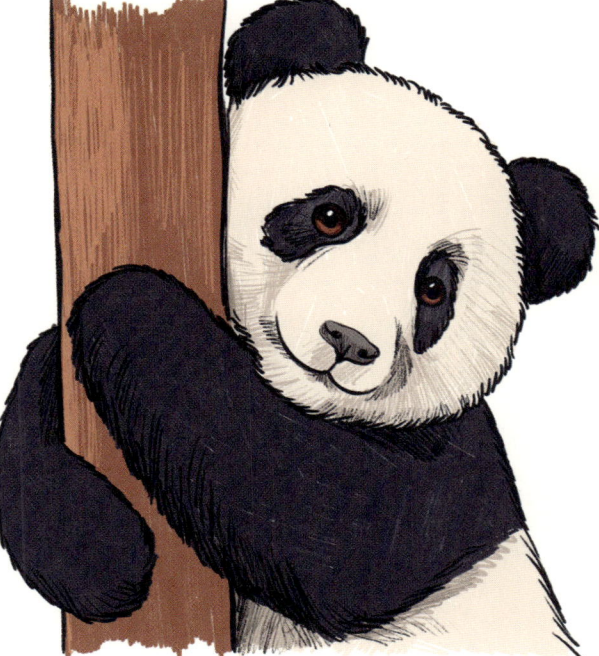

Pica

Pariente cercano del conejo, el monísimo pica es fácil de dibujar
a partir de unos sencillos óvalos y semicírculos.

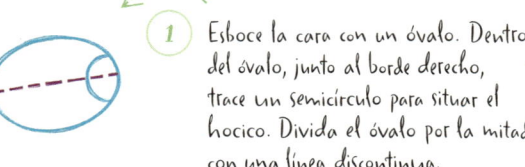

1 Esboce la cara con un óvalo. Dentro del óvalo, junto al borde derecho, trace un semicírculo para situar el hocico. Divida el óvalo por la mitad con una línea discontinua.

2 A la izquierda del óvalo, haga otro semicírculo, que será la oreja.

3 En el lado izquierdo del boceto, trace un óvalo grande para formar el cuerpo. Debe ser tres o cuatro veces más grande que la cabeza.

4 Esboce las patitas con dos óvalos y la roca de debajo con una línea.

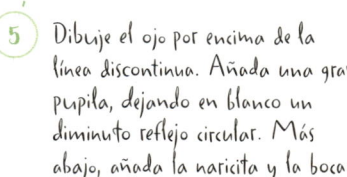

5 Dibuje el ojo por encima de la línea discontinua. Añada una gran pupila, dejando en blanco un diminuto reflejo circular. Más abajo, añada la naricita y la boca.

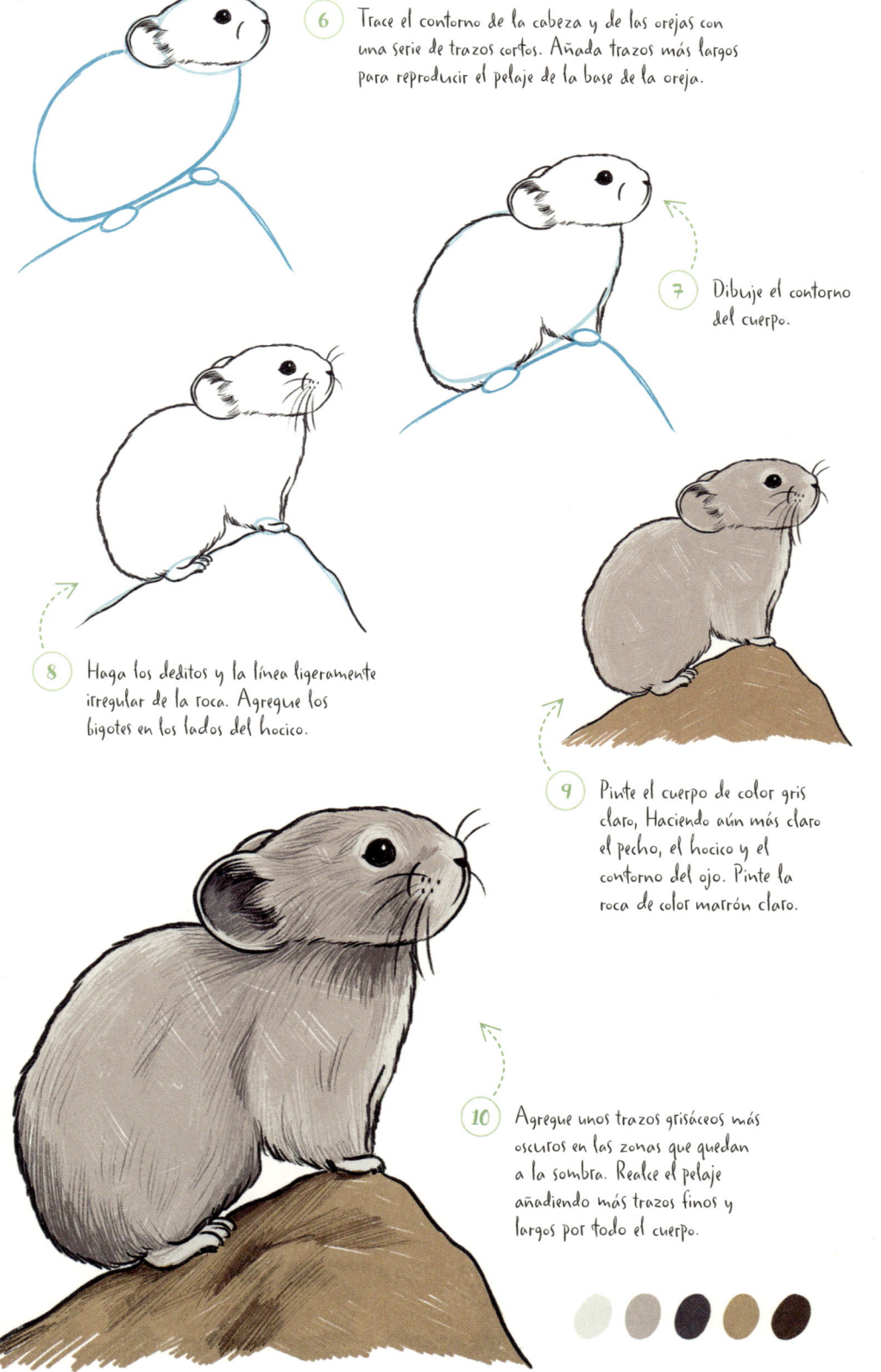

6 Trace el contorno de la cabeza y de las orejas con una serie de trazos cortos. Añada trazos más largos para reproducir el pelaje de la base de la oreja.

7 Dibuje el contorno del cuerpo.

8 Haga los deditos y la línea ligeramente irregular de la roca. Agregue los bigotes en los lados del hocico.

9 Pinte el cuerpo de color gris claro, Haciendo aún más claro el pecho, el hocico y el contorno del ojo. Pinte la roca de color marrón claro.

10 Agregue unos trazos grisáceos más oscuros en las zonas que quedan a la sombra. Realce el pelaje añadiendo más trazos finos y largos por todo el cuerpo.

Rana verde

La rana verde de ojos rojos puede aturdir temporalmente a un depredador abriendo los ojos de golpe, ya que los iris de color rojo vivo sustituyen de repente los párpados verdes.

1 Esboce la cabeza con un hexágono. La parte inferior debe tener la forma de una «U» plana.

2 Haga un círculo pequeño a cada lado para situar los ojos.

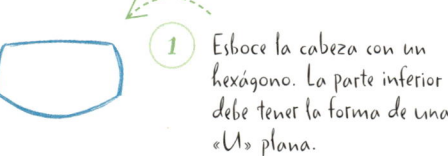

3 Debajo, trace el cuerpo con una forma cuadrada. Tiene que estar cerca de la cabeza, pero sin tocarla.

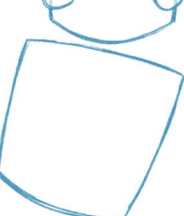

4 Junte la cabeza y el cuerpo con dos líneas curvas. Para crear la rama, esboce una forma tubular redondeada que atraviese el cuerpo. Con tres líneas cortas, haga los dedos de cada pata trasera por encima de la rama.

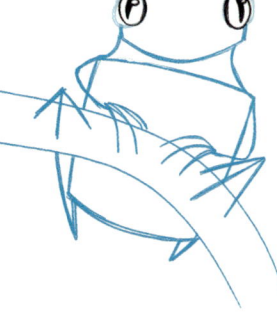

5 Trace las líneas guía de las patas delanteras y traseras. Dibuje los ojos en los pequeños círculos guía. Cada pupila es una fina línea vertical y tiene un diminuto reflejo circular al lado.

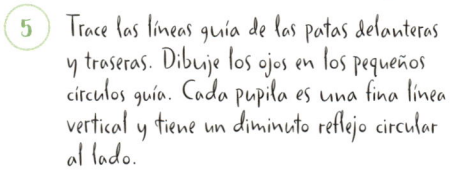

6 Dibuje la parte superior de la cabeza, incluidas las curvas convexas cercanas a los ojos. Trace la parte superior de la boca justo por encima de la línea guía. Añada los dos orificios nasales.

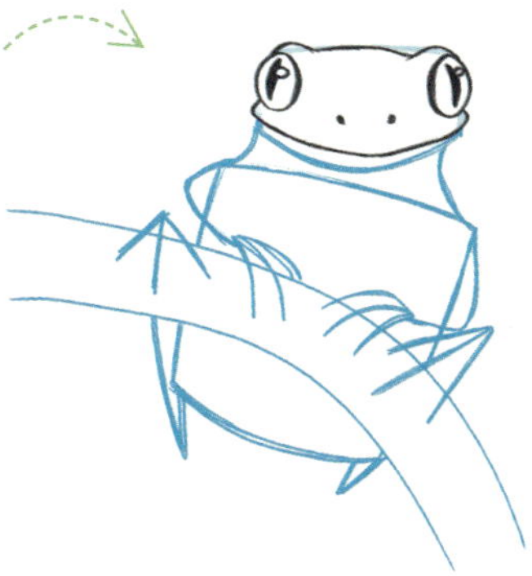

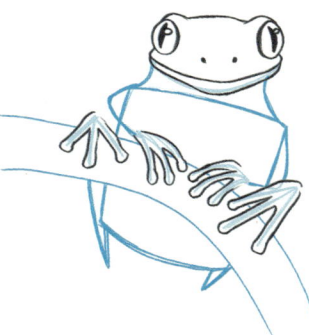

7 Haga la parte inferior de la boca siguiendo la línea guía. Tomando las guías como referencia, dibuje los dedos haciéndoles las puntas anchas y redondas.

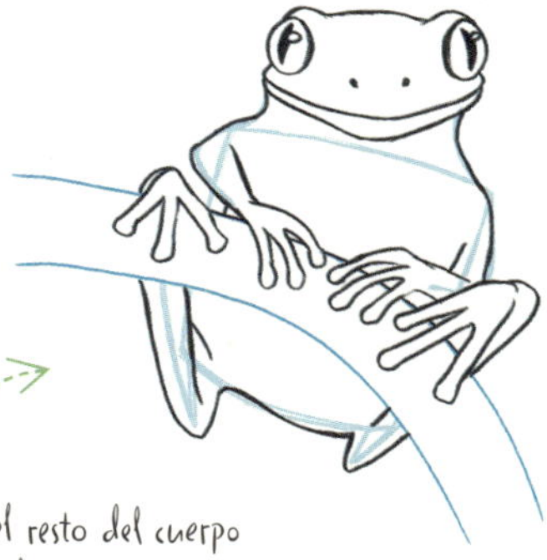

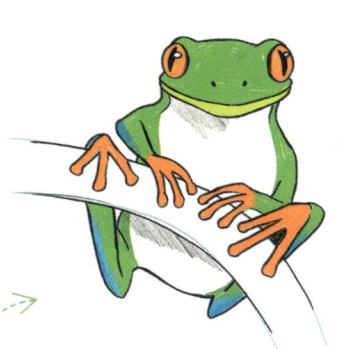

8 Dibuje el resto del cuerpo siguiendo las guías.

9 Pinte la cara y las patas de color verde vivo, los ojos y los dedos en un tono naranja vivo y la parte inferior de la patas de color azul. Utilice un tono diferente de verde en la parte inferior de la boca. Sombree un poco la zona de debajo de la barbilla y de la rama.

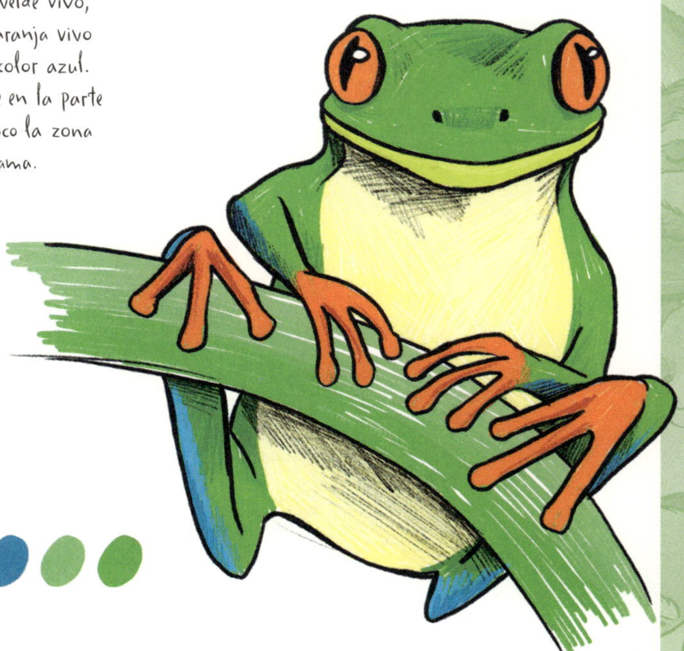

10 Pinte la barriga de color amarillo y la rama de otro tono verde vivo. Por último, agregue unos trazos más oscuros en las zonas que quedan a la sombra.

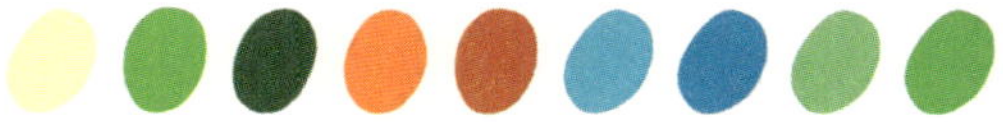

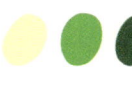

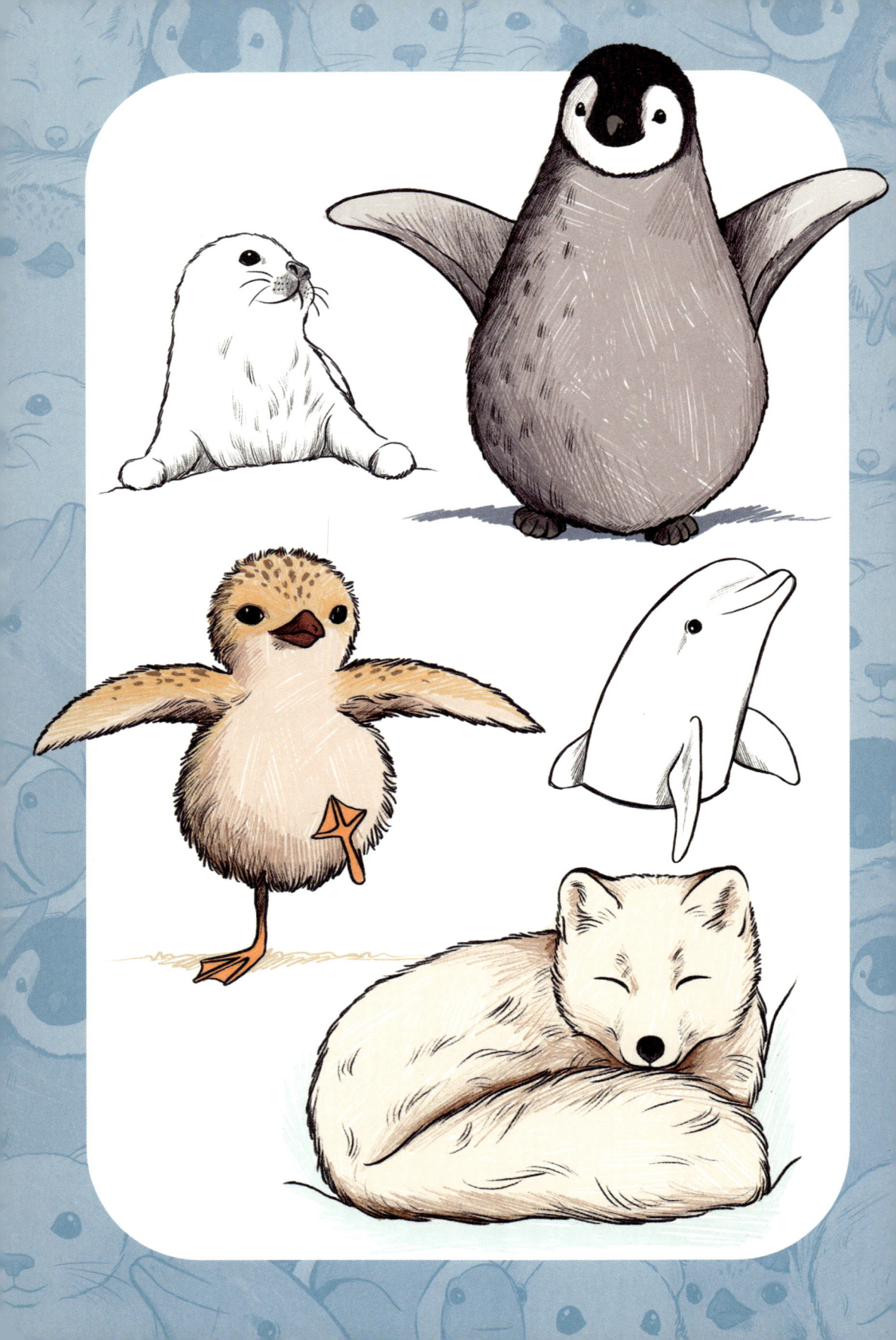

Ártico y océanos

Zorro ártico

El pelaje blanco y grueso del zorro ártico le sirve para camuflarse. También evita la pérdida de calor corporal, ya que se crean huecos entre las capas de pelaje que mantienen el aire caliente del cuerpo.

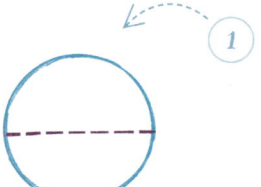

1 Esboce la cabeza con un círculo. Divídalo por la mitad con una línea horizontal discontinua.

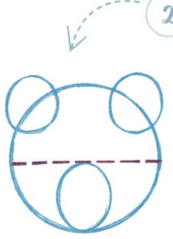

2 Para crear las orejas, añada dos óvalos pequeños que se superpongan a la parte superior. Haga un óvalo más grande en la mitad inferior del círculo para situar el hocico.

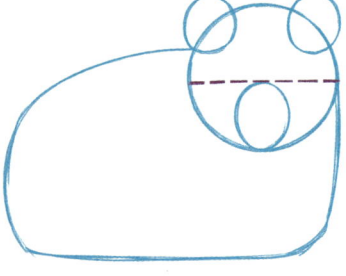

3 En el lado izquierdo, trace un rectángulo redondeado para formar el cuerpo.

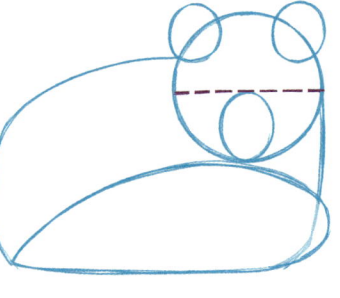

4 Para esbozar la cola, añada un arco grande en la parte inferior.

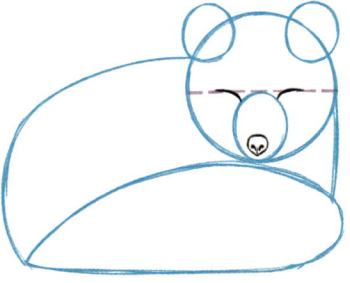

5 Dibuje dos líneas curvas pequeñas en la línea discontinua para hacer los ojos cerrados. Agregue la nariz, con los orificios nasales, en la parte inferior del círculo del hocico.

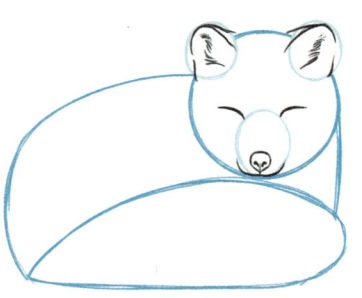

6 Dibuje el pelaje del contorno de las orejas con una serie de trazos cortos. Añada los pelos más largos de las aberturas de las orejas.

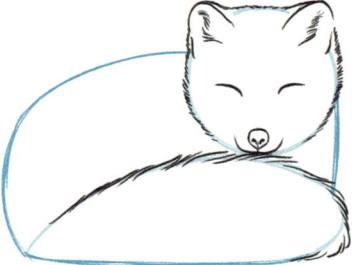

7 Siga dibujando el contorno de la cabeza. Haga trazos más largos a lo largo de la parte superior de la cola.

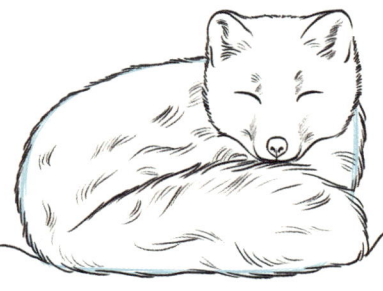

8 Termine de dibujar el contorno del cuerpo variando la longitud de los trazos. Agregue más trazos ondulados por el pelaje para reproducir el pelo largo.

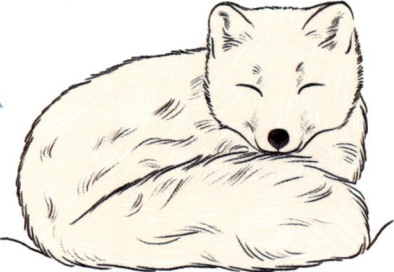

9 Utilice un color marrón arena claro como tono base y pinte la nariz negra.

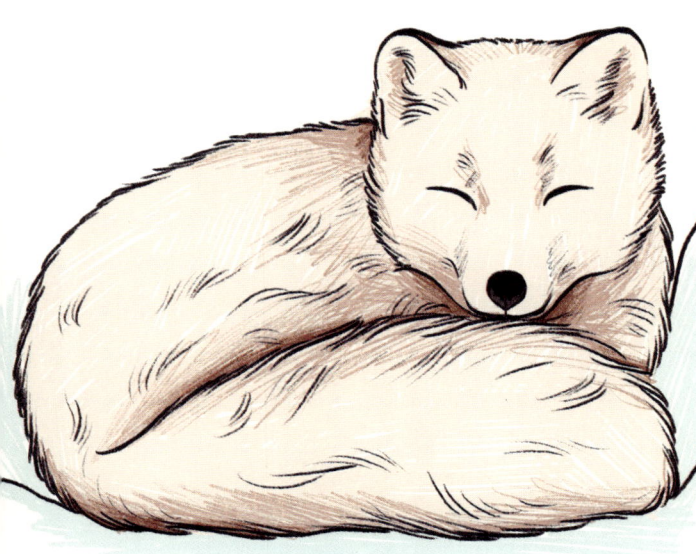

10 Agregue unos trazos más oscuros en las zonas que quedan a la sombra para darle volumen. Por último, pinte la nieve que rodea el zorro de color azul claro.

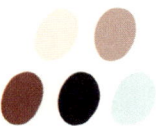

Pingüino

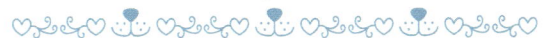

¿No le parecen una monada las crías de pingüino con sus plumas ahuecadas y aterciopeladas y sus andares desmañados?

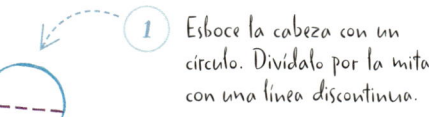

1. Esboce la cabeza con un círculo. Divídalo por la mitad con una línea discontinua.

2. Más abajo, agregue un círculo grande para formar el cuerpo.

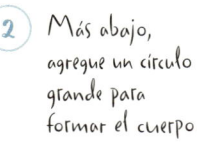

68

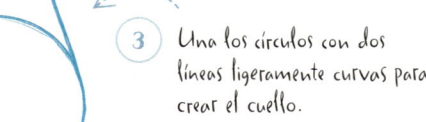

3. Una los círculos con dos líneas ligeramente curvas para crear el cuello.

4. A cada lado, esboce un ala con una forma triangular. Agregue los pequeños óvalos guía de las patitas.

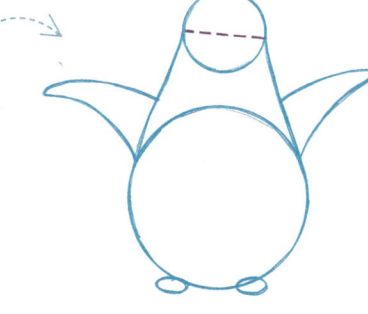

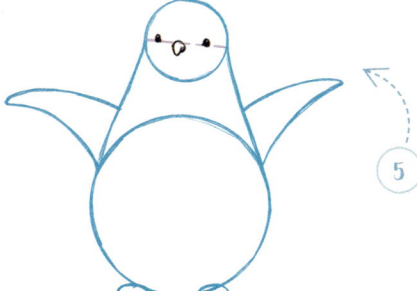

5. Sobre la línea discontinua, dibuje los ojitos negros, dejando en blanco un reflejo circular. Debajo, añada el pico redondeado.

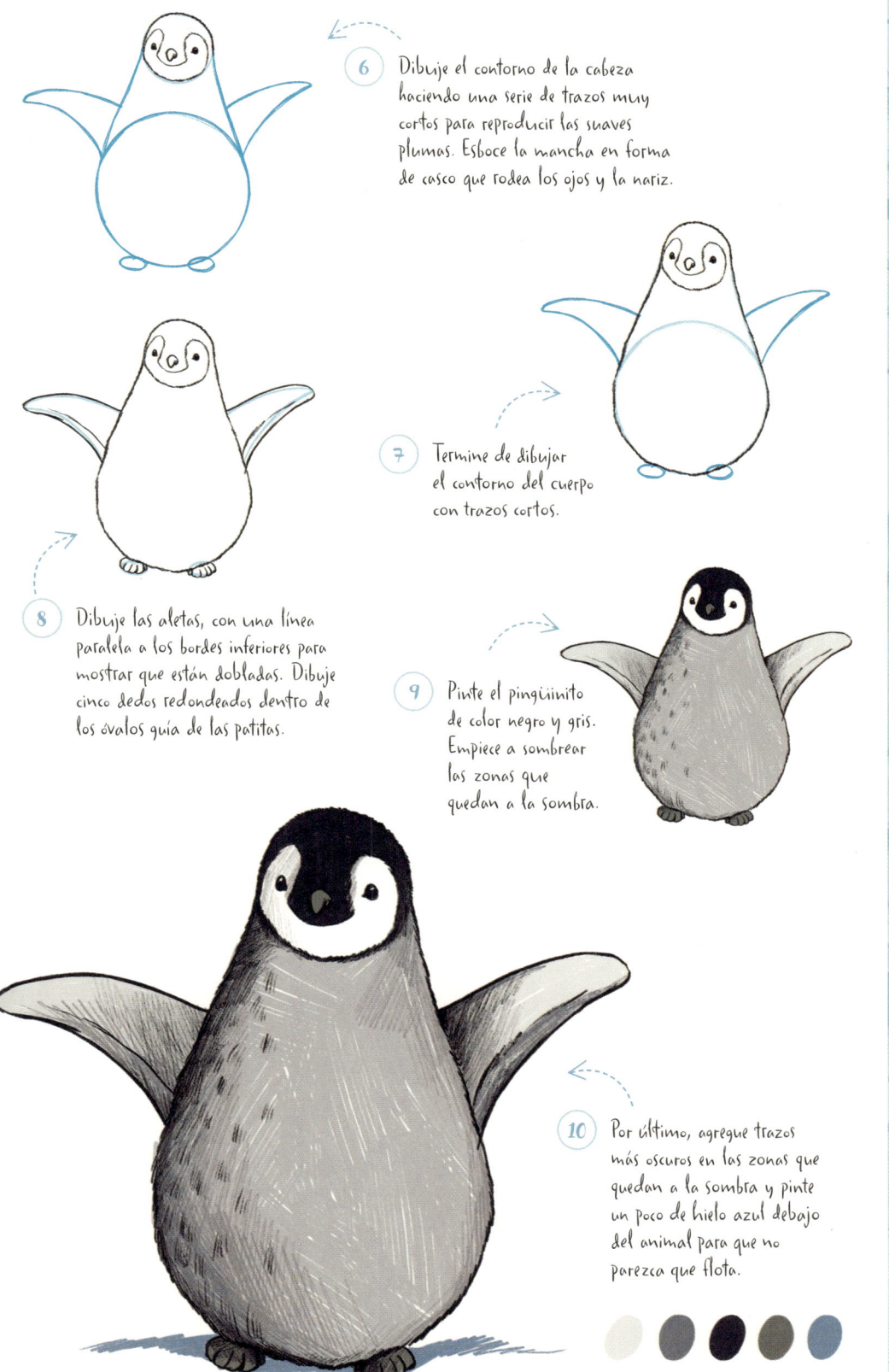

6 Dibuje el contorno de la cabeza haciendo una serie de trazos muy cortos para reproducir las suaves plumas. Esboce la mancha en forma de casco que rodea los ojos y la nariz.

7 Termine de dibujar el contorno del cuerpo con trazos cortos.

8 Dibuje las aletas, con una línea paralela a los bordes inferiores para mostrar que están dobladas. Dibuje cinco dedos redondeados dentro de los óvalos guía de las patitas.

9 Pinte el pingüinito de color negro y gris. Empiece a sombrear las zonas que quedan a la sombra.

10 Por último, agregue trazos más oscuros en las zonas que quedan a la sombra y pinte un poco de hielo azul debajo del animal para que no parezca que flota.

Foca

Durante las primeras dos semanas de vida, las crías de foca tienen un grueso pelaje blanco. Les empiezan a aparecer las manchas grises cuando mudan la piel por primera vez.

1 Esboce la cabeza con un círculo. Agregue otro círculo más pequeño en el borde superior derecho para formar el hocico.

2 Haga las dos líneas guía del cuello.

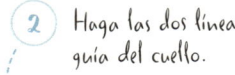

3 Trace un círculo pequeño en el extremo de cada línea para situar las extremidades delanteras. Para crear el pecho, una estos círculos con una línea.

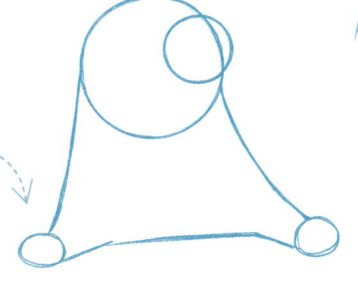

4 Dibuje el ojo en la parte superior de la cabeza. Pinte la pupila de color negro, dejando en blanco un diminuto reflejo circular. Añada los dos orificios nasales dentro del círculo guía del hocico.

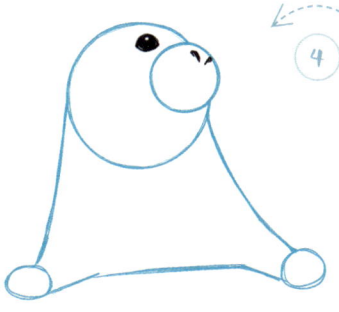

5 Dibuje la nariz chata alrededor de los orificios nasales. Debajo, haga la boca.

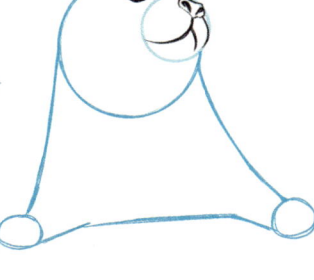

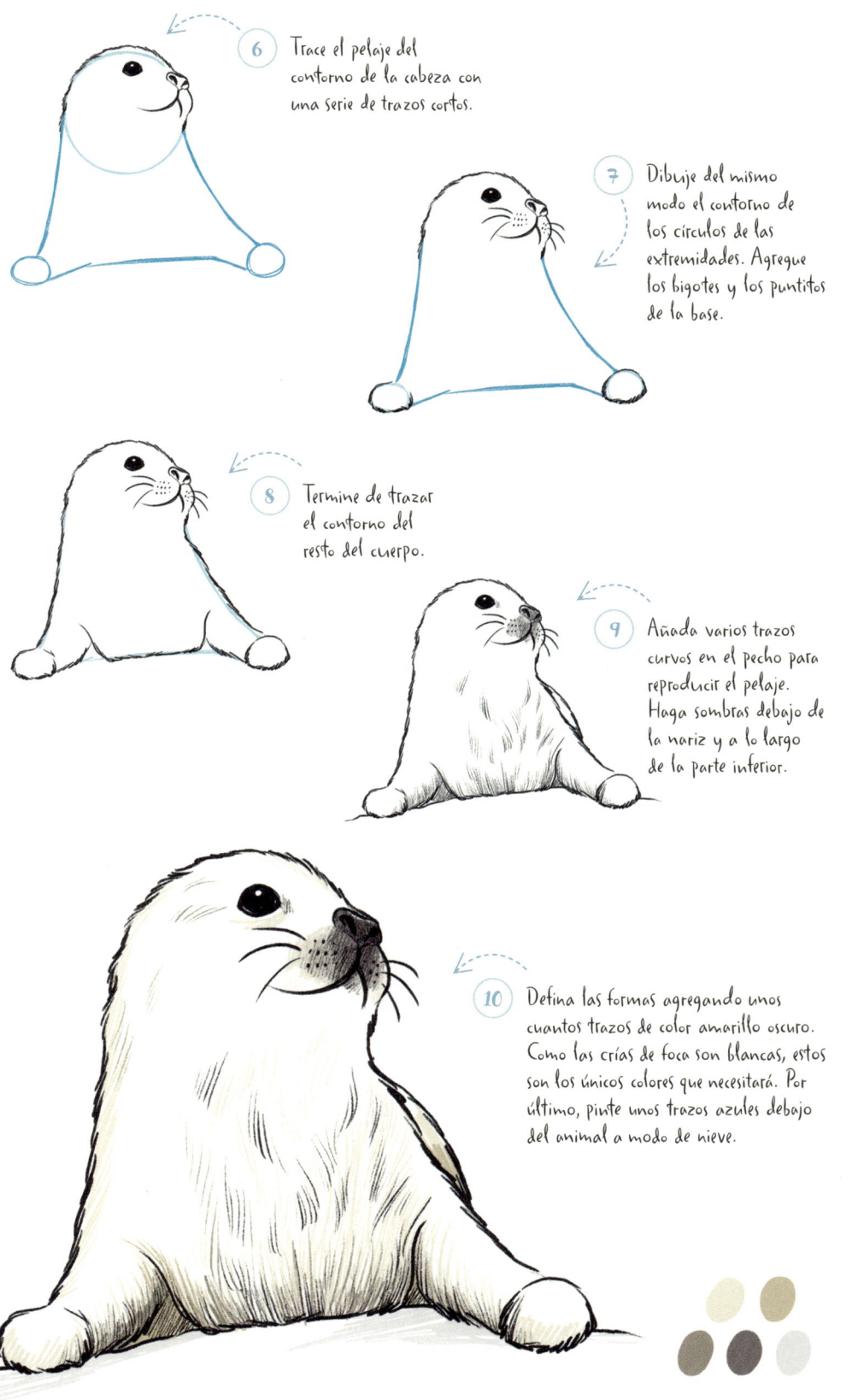

6 Trace el pelaje del contorno de la cabeza con una serie de trazos cortos.

7 Dibuje del mismo modo el contorno de los círculos de las extremidades. Agregue los bigotes y los puntitos de la base.

8 Termine de trazar el contorno del resto del cuerpo.

9 Añada varios trazos curvos en el pecho para reproducir el pelaje. Haga sombras debajo de la nariz y a lo largo de la parte inferior.

10 Defina las formas agregando unos cuantos trazos de color amarillo oscuro. Como las crías de foca son blancas, estos son los únicos colores que necesitará. Por último, pinte unos trazos azules debajo del animal a modo de nieve.

Delfín

La piel de los delfines es tan lisa que refleja la luz.
Reproduzca esta textura haciendo trazos rectos.

1. Esboce el cuerpo con forma de cúpula.

2. Agregue un arco arriba a la derecha para crear el cuerpo y luego forme el hocico con otro arco más pequeño.

3. Abajo a la izquierda, haga el triángulo guía de la aleta dorsal. A la derecha, esboce la aleta pectoral con un triángulo un poco más grande.

4. Dibuje el ojo encima de la forma de cúpula. Píntelo de color negro, dejando en blanco un reflejo circular. Trace la forma del hocico alrededor del arco más pequeño y, en el centro, añada la línea larga y curva de la boca.

5. Dibuje la cabeza siguiendo la línea guía superior.

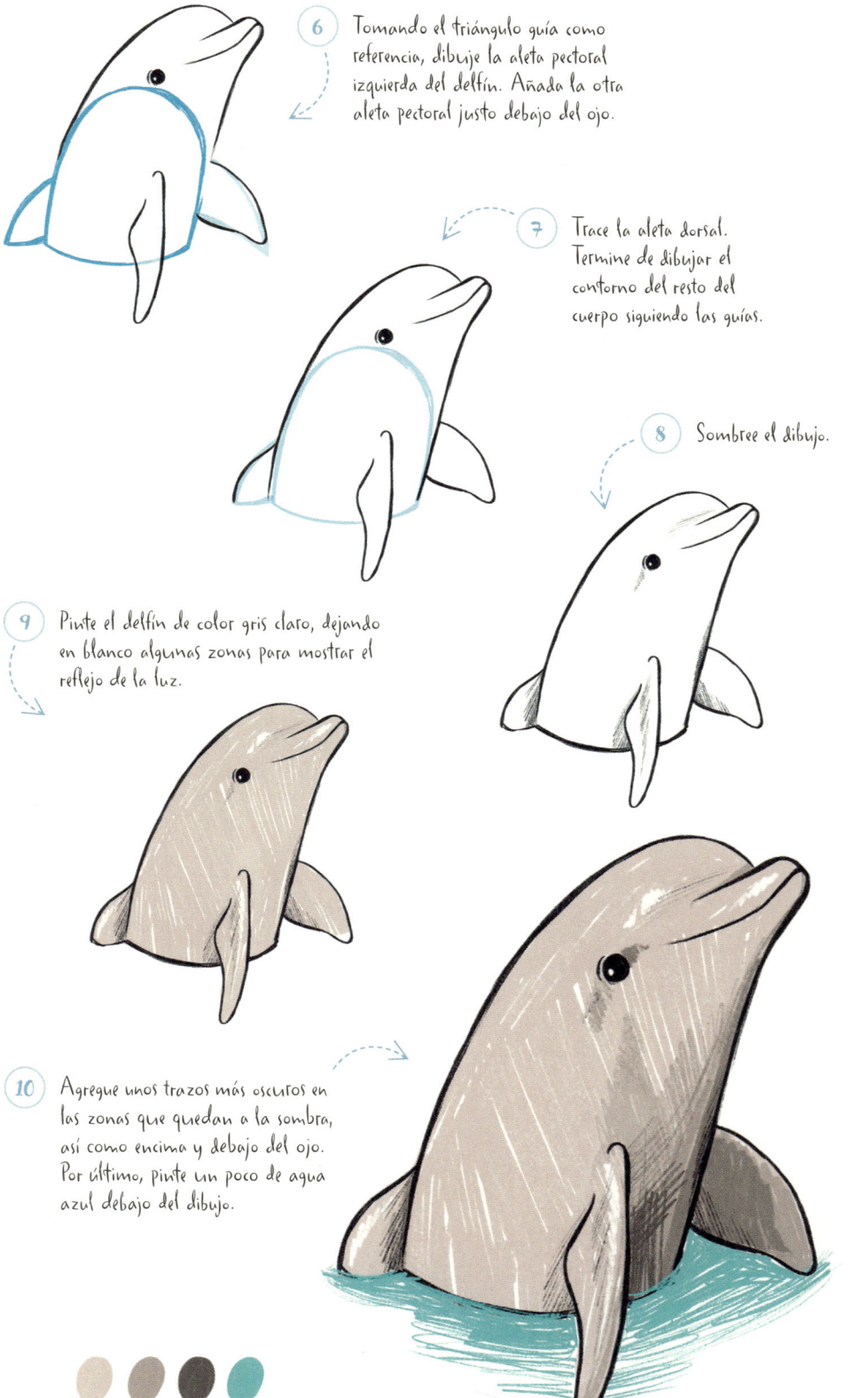

6 Tomando el triángulo guía como referencia, dibuje la aleta pectoral izquierda del delfín. Añada la otra aleta pectoral justo debajo del ojo.

7 Trace la aleta dorsal. Termine de dibujar el contorno del resto del cuerpo siguiendo las guías.

8 Sombree el dibujo.

9 Pinte el delfín de color gris claro, dejando en blanco algunas zonas para mostrar el reflejo de la luz.

10 Agregue unos trazos más oscuros en las zonas que quedan a la sombra, así como encima y debajo del ojo. Por último, pinte un poco de agua azul debajo del dibujo.

Charrancito americano

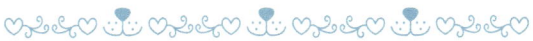

Los polluelos de charrancito americano están recubiertos de plumón marrón amarillento, con lo que se camuflan bien en sus nidos situados en la arena de las playas.

1. Esboce la cabeza con un círculo. Divídalo por la mitad con una línea horizontal discontinua.

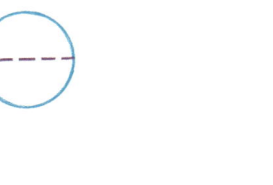

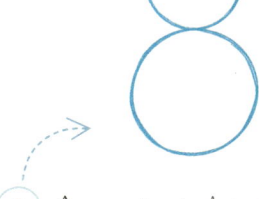

2. Agregue otro círculo justo debajo para formar el cuerpo. El segundo círculo debe ser un tercio más grande que el primero.

3. Trace las alas con dos «V» alargadas y curvas.

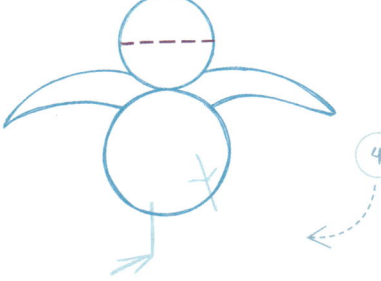

4. Añada las dos líneas guía de las patas, cada una con tres líneas más cortas en el extremo.

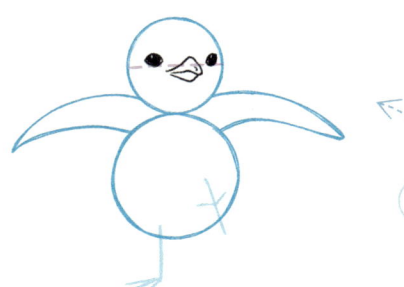

5. Dibuje los ojos sobre la línea discontinua. Pinte las pupilas de color negro, dejando en blanco los diminutos reflejos circulares. Dibuje el pico curvo en el centro.

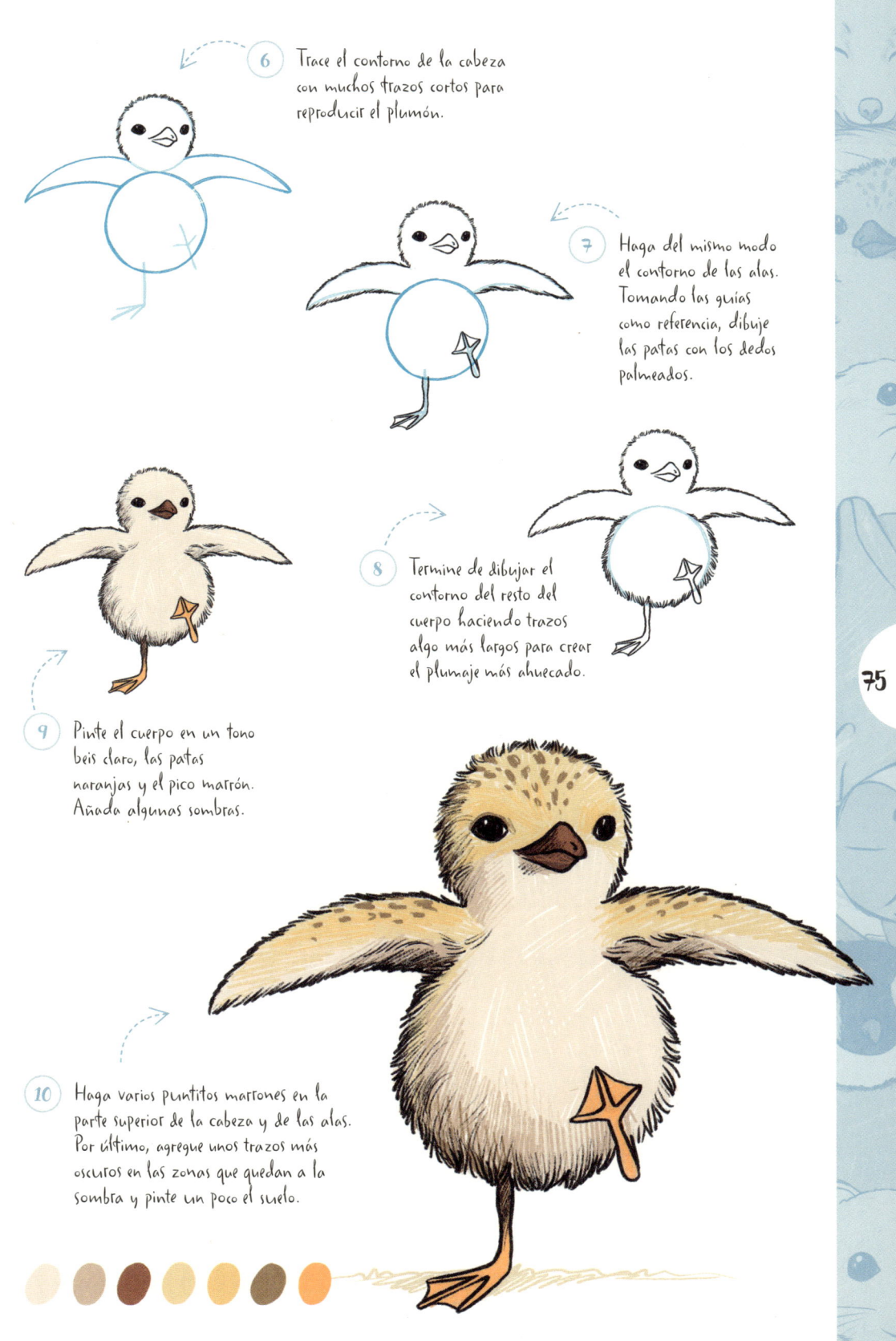

6 Trace el contorno de la cabeza con muchos trazos cortos para reproducir el plumón.

7 Haga del mismo modo el contorno de las alas. Tomando las guías como referencia, dibuje las patas con los dedos palmeados.

8 Termine de dibujar el contorno del resto del cuerpo haciendo trazos algo más largos para crear el plumaje más ahuecado.

9 Pinte el cuerpo en un tono beis claro, las patas naranjas y el pico marrón. Añada algunas sombras.

10 Haga varios puntitos marrones en la parte superior de la cabeza y de las alas. Por último, agregue unos trazos más oscuros en las zonas que quedan a la sombra y pinte un poco el suelo.

Armiño

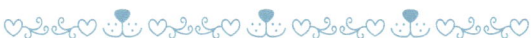

¿No le parece imposible que el pelaje blanco inmaculado que tiene
el armiño en invierno se vuelva marrón durante los meses de verano?

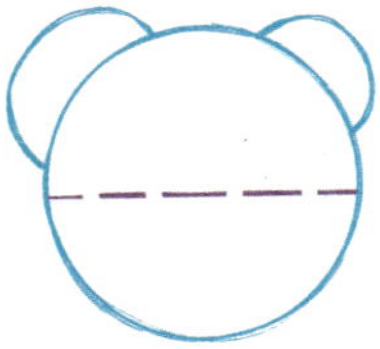

1. Esboce la cabeza con un círculo. Divídalo por
la mitad con una línea horizontal discontinua
y luego añada las orejas semicirculares.

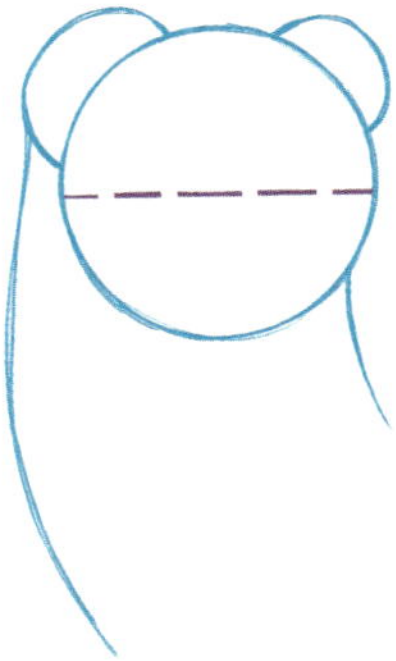

2. Trace las dos líneas
guía curvas del
largo cuello.

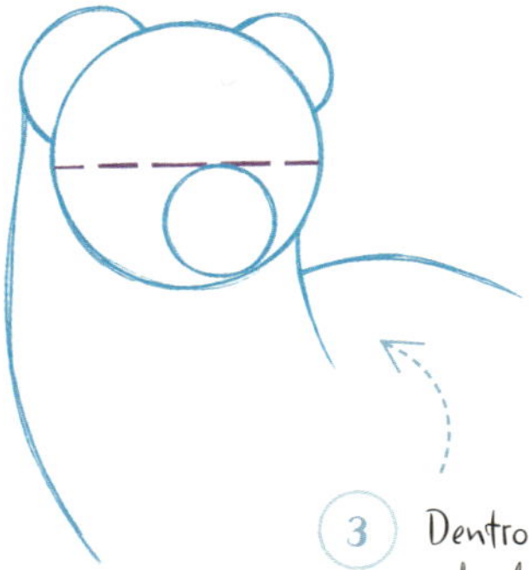

3. Dentro del círculo, abajo
a la derecha, agregue un
círculo más pequeño para
situar el hocico. Trace la
línea curva del lomo.

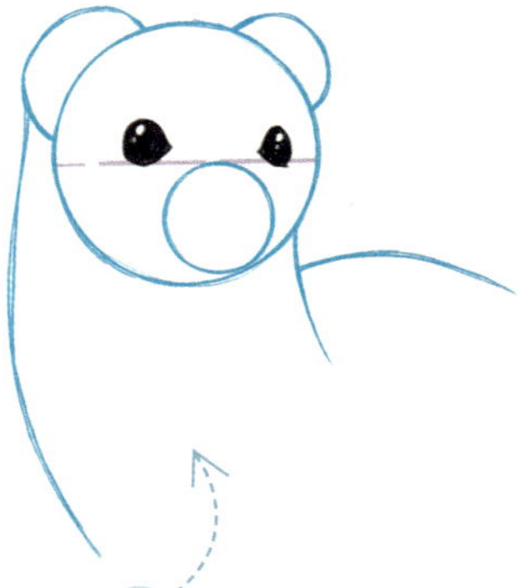

4. Dibuje los ojos redondos sobre
la línea discontinua. Pinte las
pupilas negras, dejando en
blanco los diminutos reflejos
circulares.

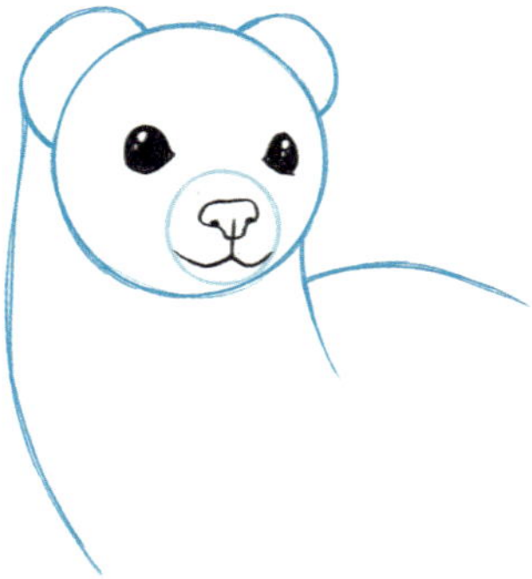

5. En el círculo del
hocico, dibuje la
nariz y la boca con
líneas curvas.

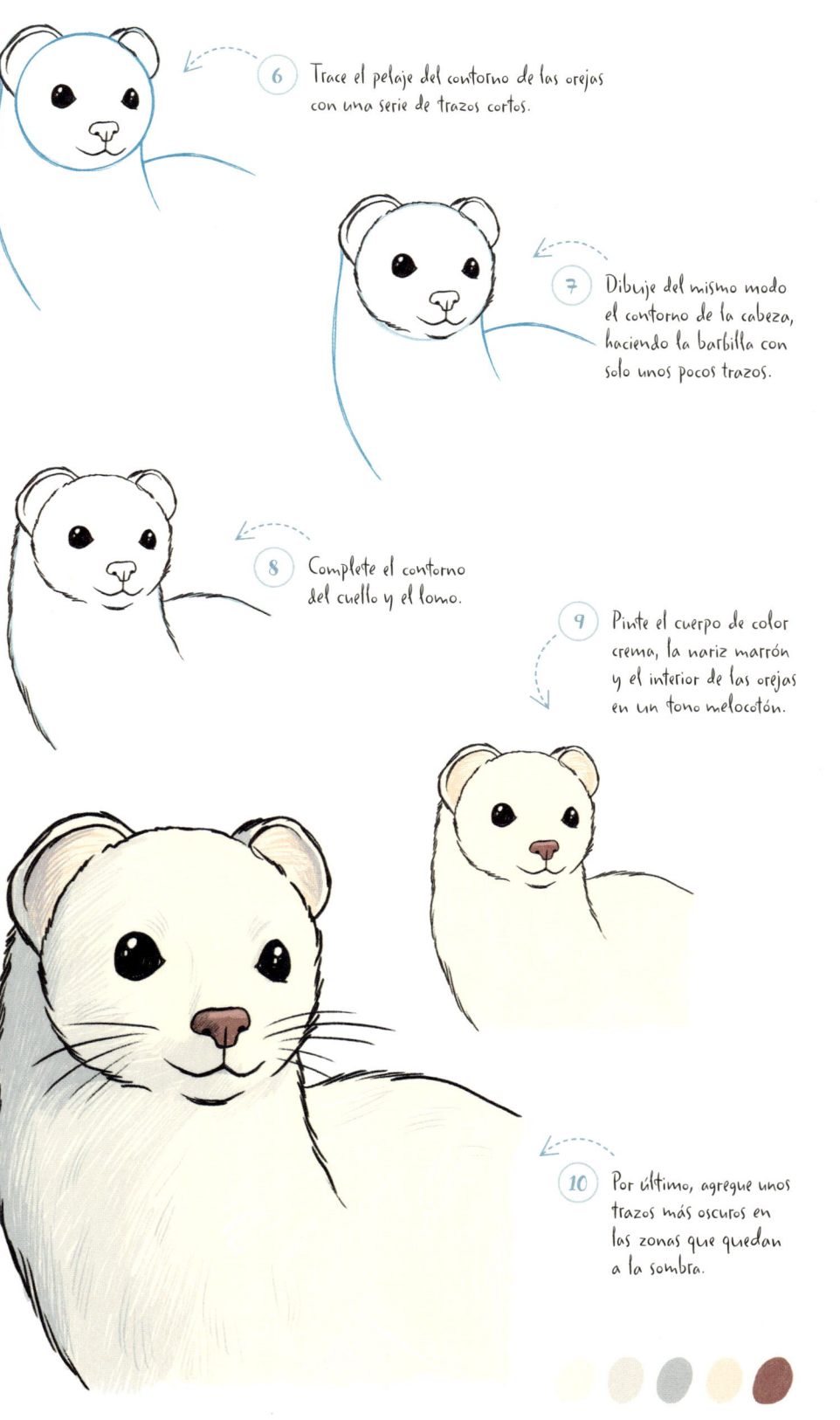

6 Trace el pelaje del contorno de las orejas con una serie de trazos cortos.

7 Dibuje del mismo modo el contorno de la cabeza, haciendo la barbilla con solo unos pocos trazos.

8 Complete el contorno del cuello y el lomo.

9 Pinte el cuerpo de color crema, la nariz marrón y el interior de las orejas en un tono melocotón.

10 Por último, agregue unos trazos más oscuros en las zonas que quedan a la sombra.

Pez payaso

Este pez tropical tan popular, famoso por la película de Disney *Buscando a Nemo*, destaca por su alegre colorido. Las aletas son fáciles de dibujar si sigue las guías semicirculares.

1. Esboce la cara con un óvalo. Agregue los pequeños óvalos guía de los ojos. Observe su posición en relación con la línea guía.

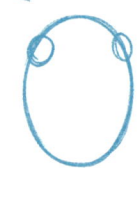

2. Para formar el cuerpo, añada un arco puntiagudo en el lado izquierdo.

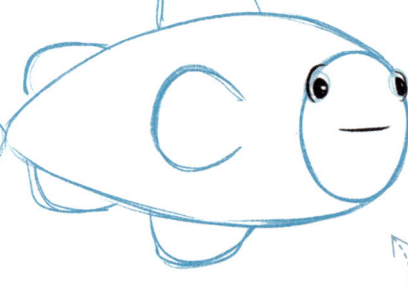

3. Esboce la aleta caudal con un óvalo y las aletas restantes con semicírculos.

4. Dibuje los ojos dentro de los óvalos guía. Pinte las pupilas de color negro, dejando en blanco los diminutos reflejos circulares. Trace la boca con una línea ligeramente irregular.

5. Dibuje el contorno de la cara.

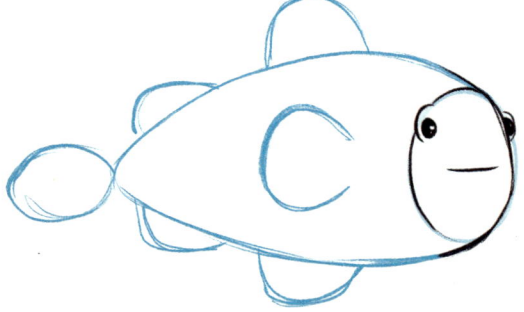

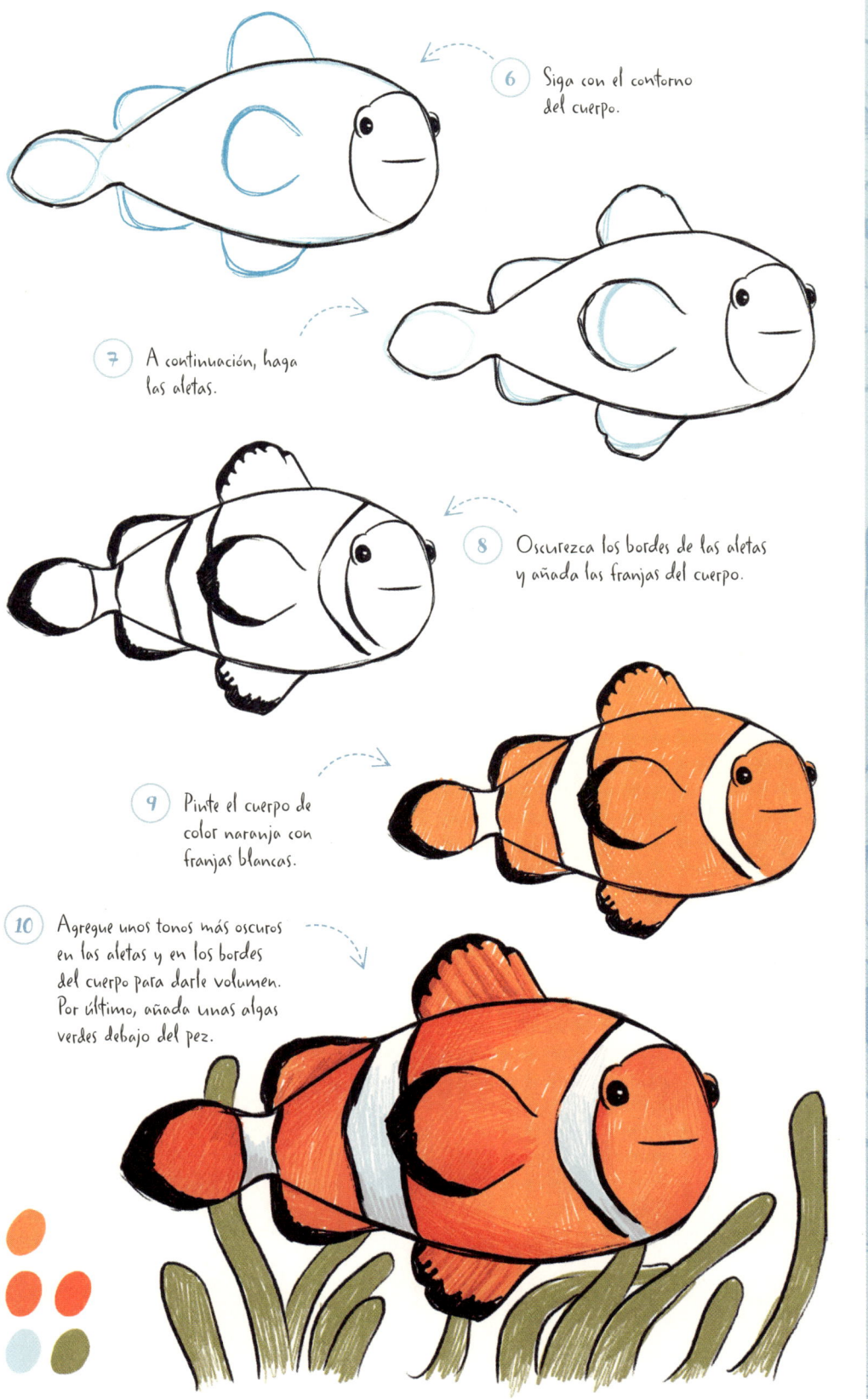

6 Siga con el contorno del cuerpo.

7 A continuación, haga las aletas.

8 Oscurezca los bordes de las aletas y añada las franjas del cuerpo.

9 Pinte el cuerpo de color naranja con franjas blancas.

10 Agregue unos tonos más oscuros en las aletas y en los bordes del cuerpo para darle volumen. Por último, añada unas algas verdes debajo del pez.

Nutria marina

La nutria marina es el animal vivo con el pelaje más grueso. No tiene capa de grasa como otros animales marinos, así que el pelaje es lo único que la mantiene caliente.

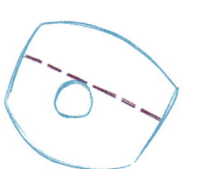
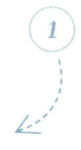

1. Esboce la cabeza con un rectángulo irregular. Añada un círculo en el centro para situar el hocico. Trace una línea discontinua justo encima: le servirá para colocar los ojos.

2. Agregue las dos líneas curvas pequeñas de las orejas. Haga una pata con una línea larga y curva.

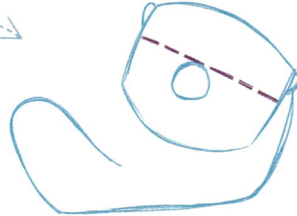

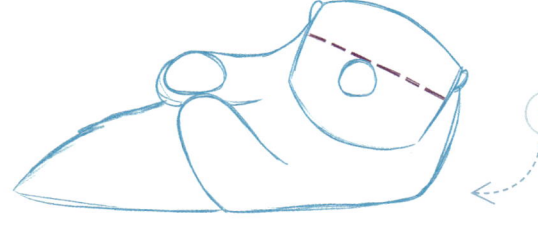

3. Esboce la otra pata con un óvalo en el extremo. Trace una «V» para formar la parte del cuerpo que sobresale del agua.

4. Dibuje los ojos sobre la línea discontinua. Pinte las pupilas negras, dejando en blanco los diminutos reflejos circulares. Debajo, dibuje la nariz con líneas curvas.

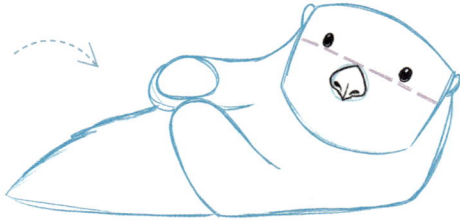

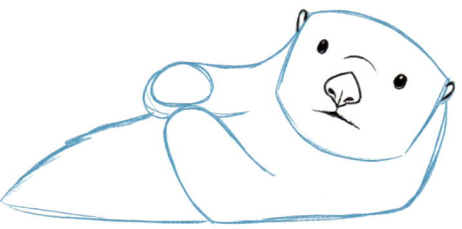

5. Haga la boca debajo y únela a la nariz con una línea corta. Agregue una línea curva por encima de la nariz para indicar el final del hocico.

6 Dibuje el contorno de la cabeza y de las orejas con trazos cortos y rápidos para reproducir el pelaje. Varíe la forma y el tamaño de los trazos para que quede más natural.

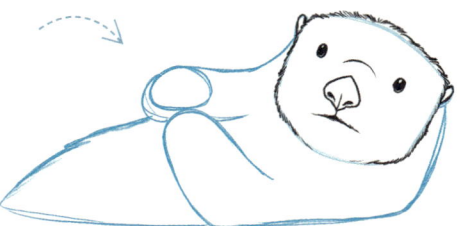

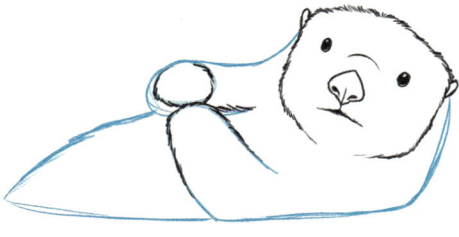

7 Haga del mismo modo el contorno de las patas.

8 Termine de dibujar el contorno del cuerpo y agregue los largos bigotes.

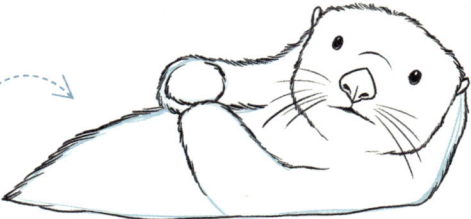

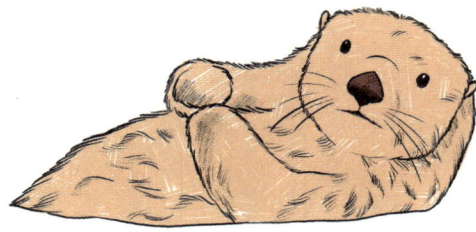

9 Pinte el cuerpo de color marrón claro y la nariz en un tono más oscuro.

10 Agregue trazos más oscuros en las zonas que quedan a la sombra. Por último, pinte un poco de agua azul.

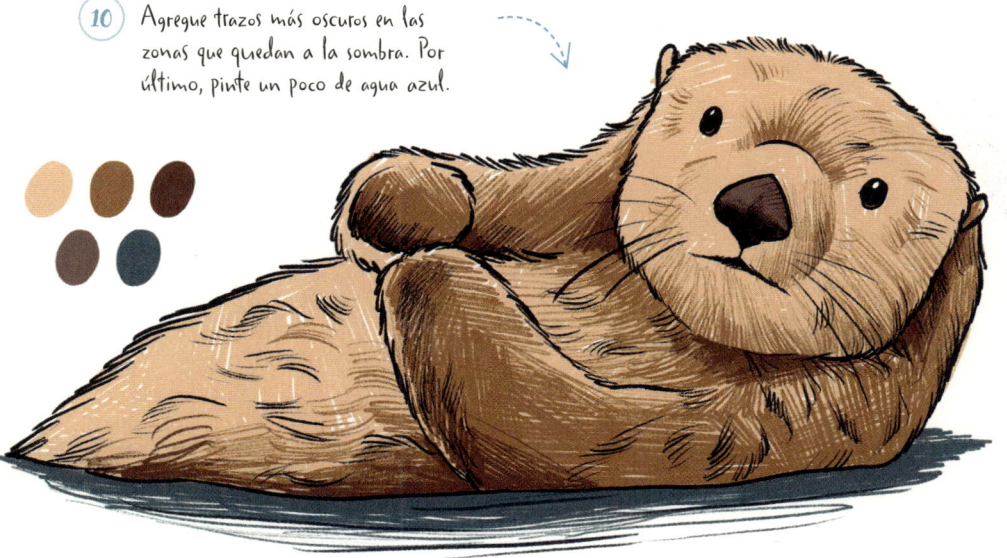

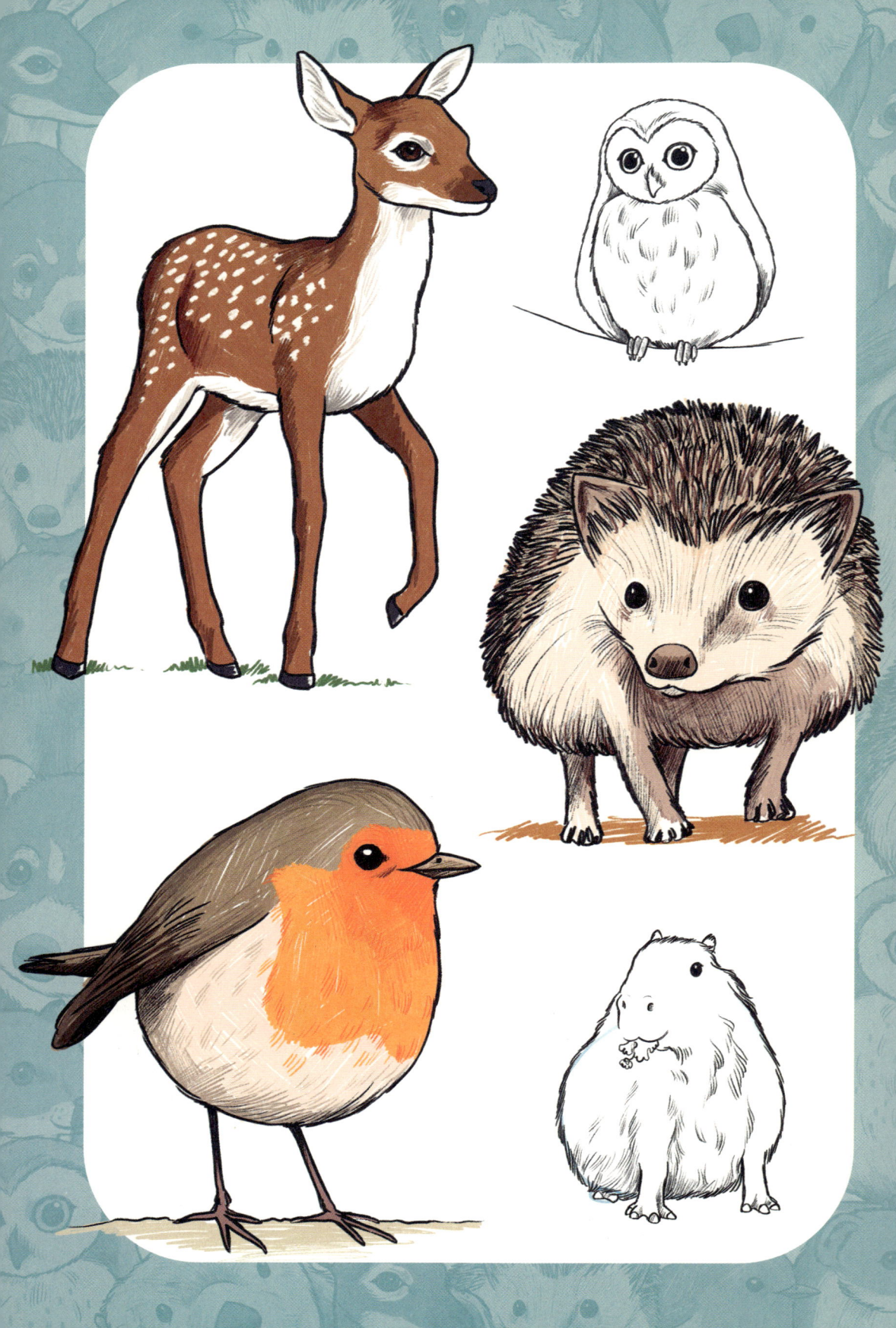

Bosques y humedales

Búho

Para esbozar este búho, solo se necesitan óvalos, tanto para la cabeza y la barriga como para sus enormes ojos amarillos.

① Esboce la cabeza con un óvalo. Divídalo con dos líneas perpendiculares ligeramente curvas: le servirán de guía para colocar los ojos y el pico.

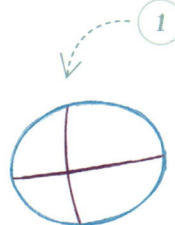

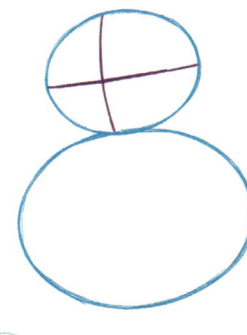

② Justo debajo, forme el cuerpo con otro óvalo. Este debe ser el doble de grande que el de la cabeza.

③ Junte la cabeza y el cuerpo con dos líneas curvas para crear el cuello.

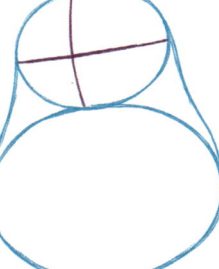

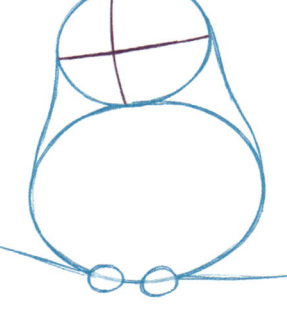

④ Añada los dos pequeños círculos guía de las patitas. Trace una línea a cada lado del búho para hacer la rama.

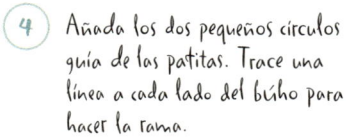

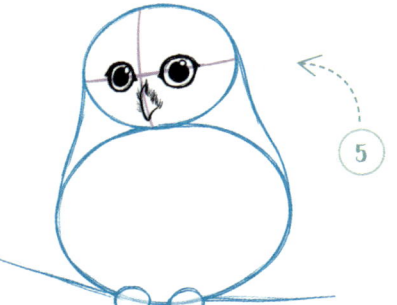

⑤ Dibuje los grandes ojos en la línea horizontal, incluidas las pupilas negras con los reflejos circulares blancos. Debido a la perspectiva, el ojo izquierdo debe ser un poco más pequeño que el derecho. Agregue el pico triangular y luego, con trazos cortos, haga las diminutas plumas de los lados.

6 Dibuje la cara en forma de corazón dentro del círculo de la cabeza, haciendo trazos cortos y rápidos para crear las plumas.

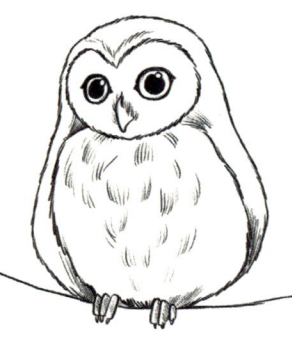

7 Trace del mismo modo el contorno de la cabeza y del cuerpo. Agregue la rama y las patitas, cada una con tres dedos y sus diminutas garras.

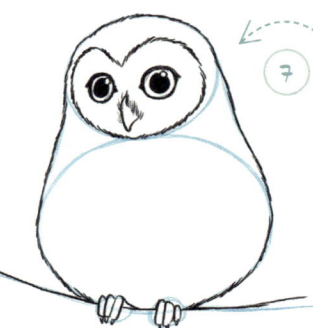

85

8 Dibuje el contorno del pecho con trazos más largos. Añada líneas curvas en el pecho y encima de la cara para reproducir las plumas. Comience a sombrear el dibujo.

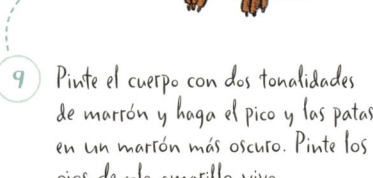

9 Pinte el cuerpo con dos tonalidades de marrón y haga el pico y las patas en un marrón más oscuro. Pinte los ojos de colo amarillo vivo.

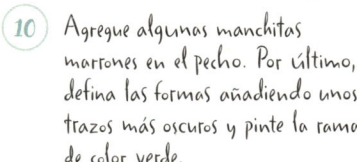

10 Agregue algunas manchitas marrones en el pecho. Por último, defina las formas añadiendo unos trazos más oscuros y pinte la rama de color verde.

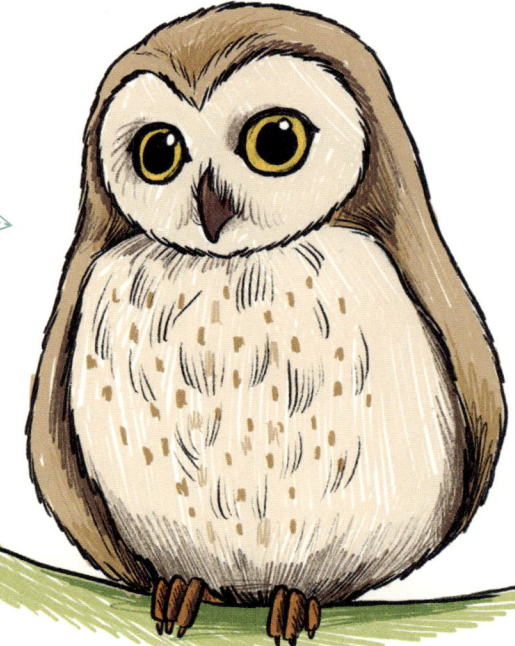

Cervatillo

En 1942, la película de *Bambi* llevó a los cervatillos a lo alto de la lista de los animales más adorables. Las patas larguiruchas le resultarán fáciles de dibujar si sigue las guías.

1 Esboce la cabeza con un círculo. Divídalo por la mitad con una línea horizontal discontinua. A la derecha, añada una «U» para formar el hocico.

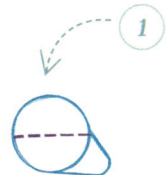

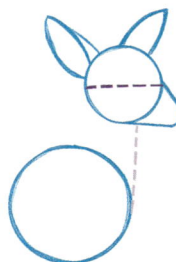

2 Más abajo a la izquierda, trace otro círculo. La distancia entre los dos círculos debe ser igual que el radio del círculo pequeño. Esboce las orejas encima de la cabeza.

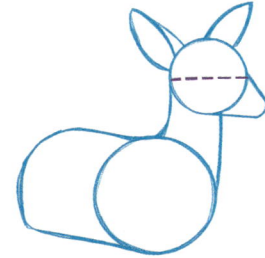

3 Para formar el cuello, junte los dos círculos con líneas. Añada una «U» a la izquierda del cuerpo.

4 Agregue las líneas guía de las patas, haciendo las articulaciones de las rodillas y los tobillos con círculos y las pezuñas con triángulos.

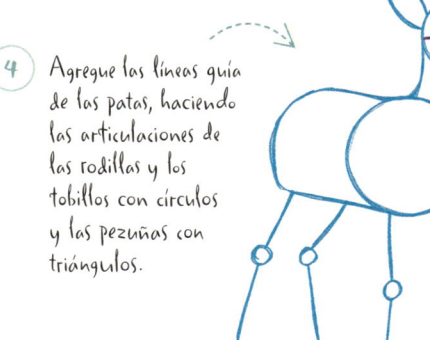

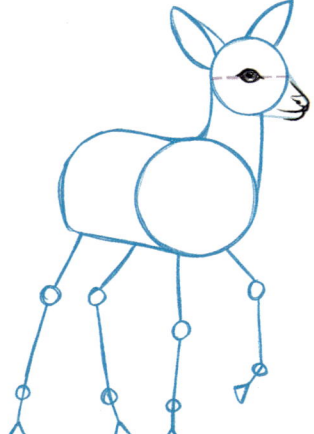

5 Dibuje el ojo en la línea discontinua. Añada la pupila negra, dejando en blanco un reflejo circular. Tomando la guía del hocico como referencia, trace la nariz y la barbilla y luego añada la boca con un línea curva.

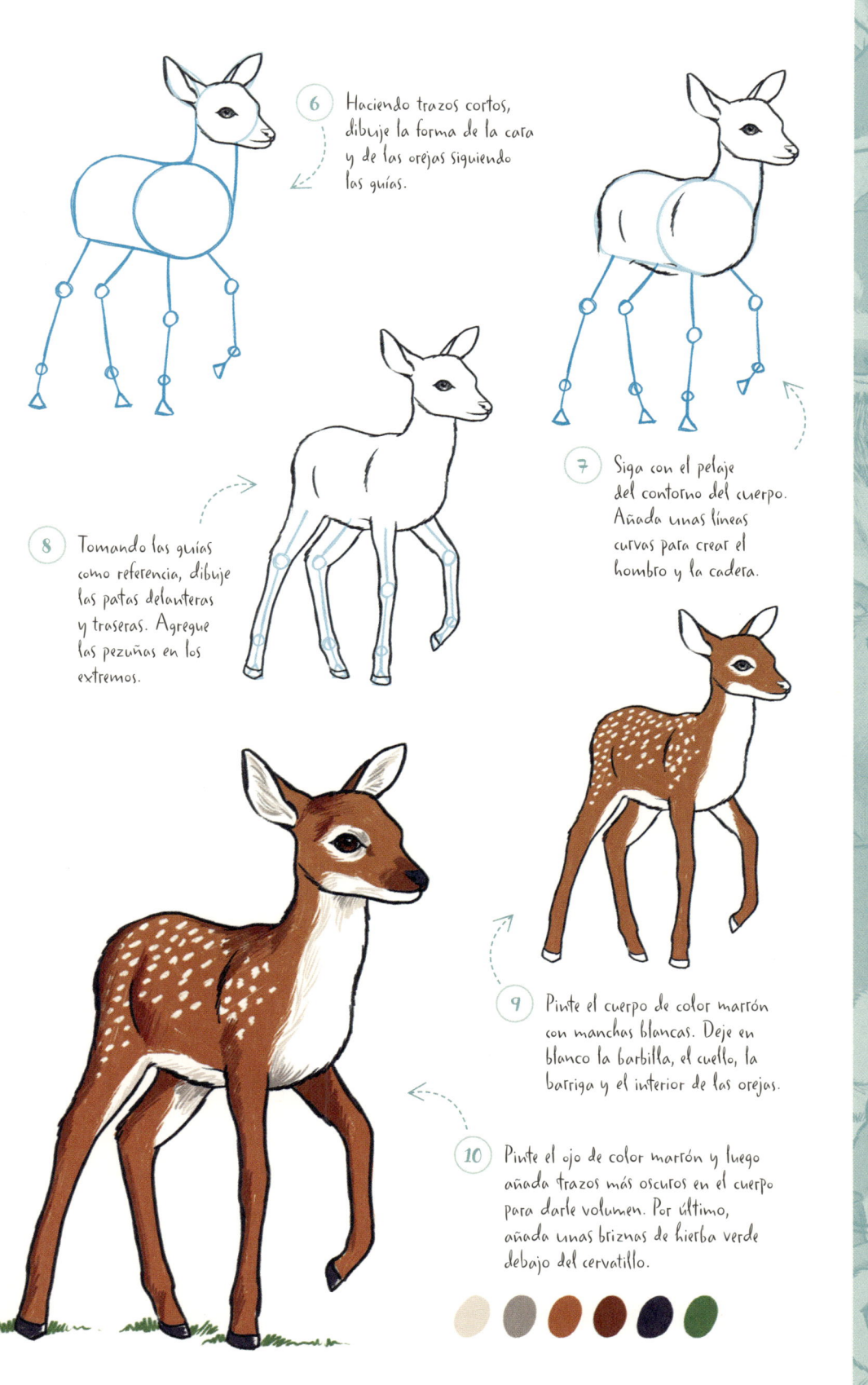

6 Haciendo trazos cortos, dibuje la forma de la cara y de las orejas siguiendo las guías.

7 Siga con el pelaje del contorno del cuerpo. Añada unas líneas curvas para crear el hombro y la cadera.

8 Tomando las guías como referencia, dibuje las patas delanteras y traseras. Agregue las pezuñas en los extremos.

9 Pinte el cuerpo de color marrón con manchas blancas. Deje en blanco la barbilla, el cuello, la barriga y el interior de las orejas.

10 Pinte el ojo de color marrón y luego añada trazos más oscuros en el cuerpo para darle volumen. Por último, añada unas briznas de hierba verde debajo del cervatillo.

Erizo

Las rígidas púas del erizo contrastan con el suave pelaje de su cara y de su barriga. Experimente con los trazos para conseguir reproducir correctamente estas texturas.

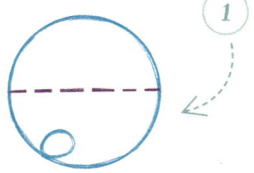

1 Esboce la cabeza con un círculo. Divídalo por la mitad con una línea horizontal discontinua. Debajo a la izquierda, añada el pequeño círculo guía del hocico.

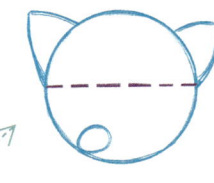

2 Encima de la cabeza, esboce las dos orejas triangulares.

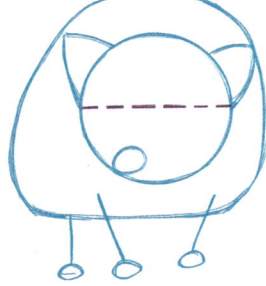

3 Alrededor de la cabeza, trace el cuerpo con forma de rectángulo irregular. Haga las tres líneas guía de las patas, con un pequeño óvalo en el extremo de cada una.

4 Dibuje los ojos redondos debajo de la línea discontinua. Debido a la perspectiva, el ojo izquierdo debe ser un poco más pequeño que el derecho. Más abajo, dibuje la nariz.

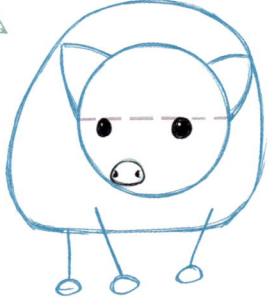

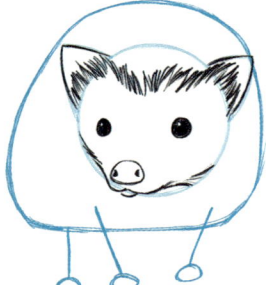

5 Trace el contorno de la orejas. A lo largo de la frente, añada una serie de trazos verticales para empezar a añadir las púas. Dibuje el contorno de la barbilla y de la boca.

6 Trace las púas del contorno del cuerpo con una serie de trazos rectos.

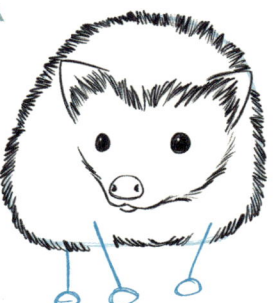

7 Tomando las guías como referencia, dibuje las patas con sus deditos curvos. Para crear la otra pata trasera, simplemente agregue una línea corta.

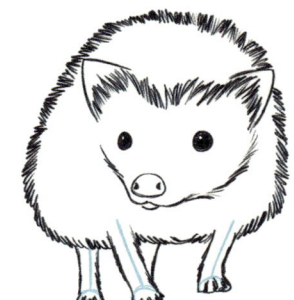

8 Añada más púas en el lomo y en los lados del cuerpo. Haga trazos más finos en la cara, el pecho y las patas para reproducir el pelaje.

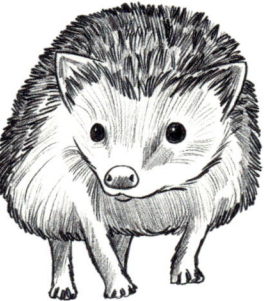

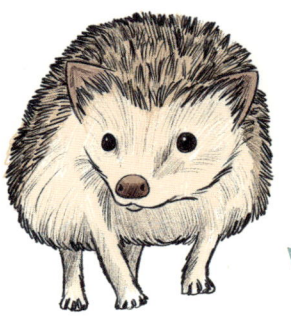

9 Pinte el cuerpo en dos tonos de beis. Haga las orejas y la nariz de color marrón.

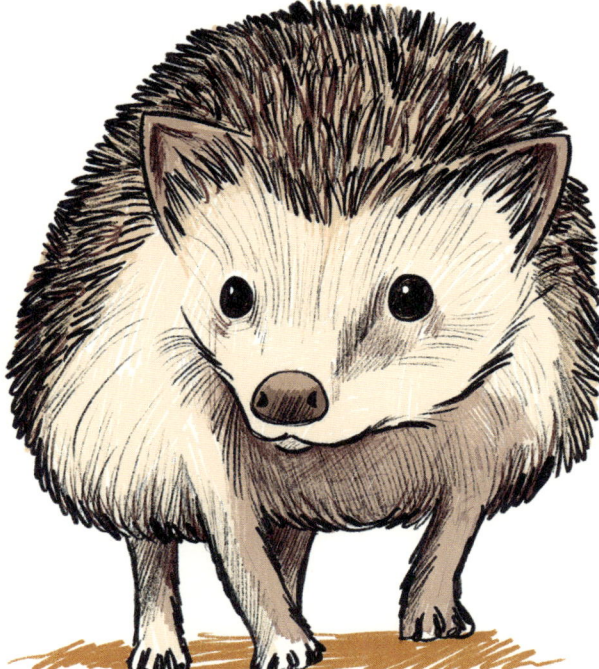

10 Agregue trazos más oscuros en las zonas que quedan a la sombra. Por último, a modo de suelo, haga unos trazos marrones debajo del erizo.

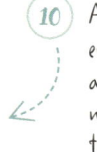

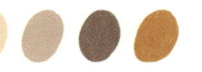

Capibara

El capibara tiene las orejas, los ojos y los orificios nasales en la parte superior de la cabeza para poder respirar y observar su alrededor sin salir del agua. Tome las guías como referencia para colocar los rasgos faciales correctamente.

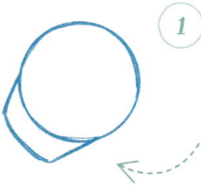

(1) Esboce la cabeza con un círculo. Debajo a la izquierda, añada una «U» ancha para formar el hocico.

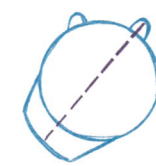

(2) Divida la cabeza por la mitad con una línea diagonal discontinua que sobresalga un poco por la parte superior. Agregue las dos orejas semicirculares. Una debe quedar dividida por el extremo que sobresale de la línea discontinua. Debido a la perspectiva, la otra oreja debe ser más pequeña.

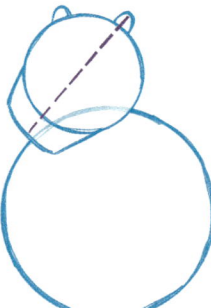

(3) Para crear el pecho, haga otro círculo más grande que se solape un poco al primero.

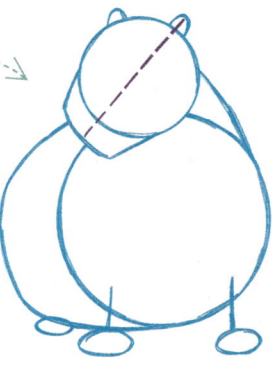

(4) Para hacer el cuello, junte la cabeza y el pecho con una línea curva. Forme el cuerpo añadiendo un arco a la izquierda del boceto. Trace las dos líneas guía de las patas delanteras, con un pequeño óvalo en el extremo de cada una. Agregue otro óvalo más pequeño para crear la pata trasera visible.

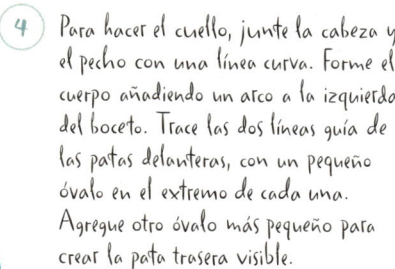

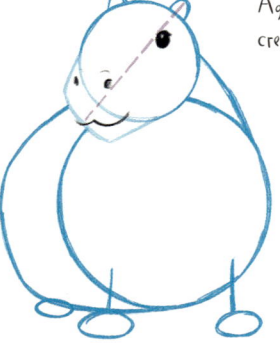

(5) Dibuje el ojo en la parte superior derecha del círculo de la cabeza. Pinte la pupila de color negro, dejando en blanco un diminuto reflejo circular. Más abajo, haga los orificios nasales y la línea ondulada de la boca.

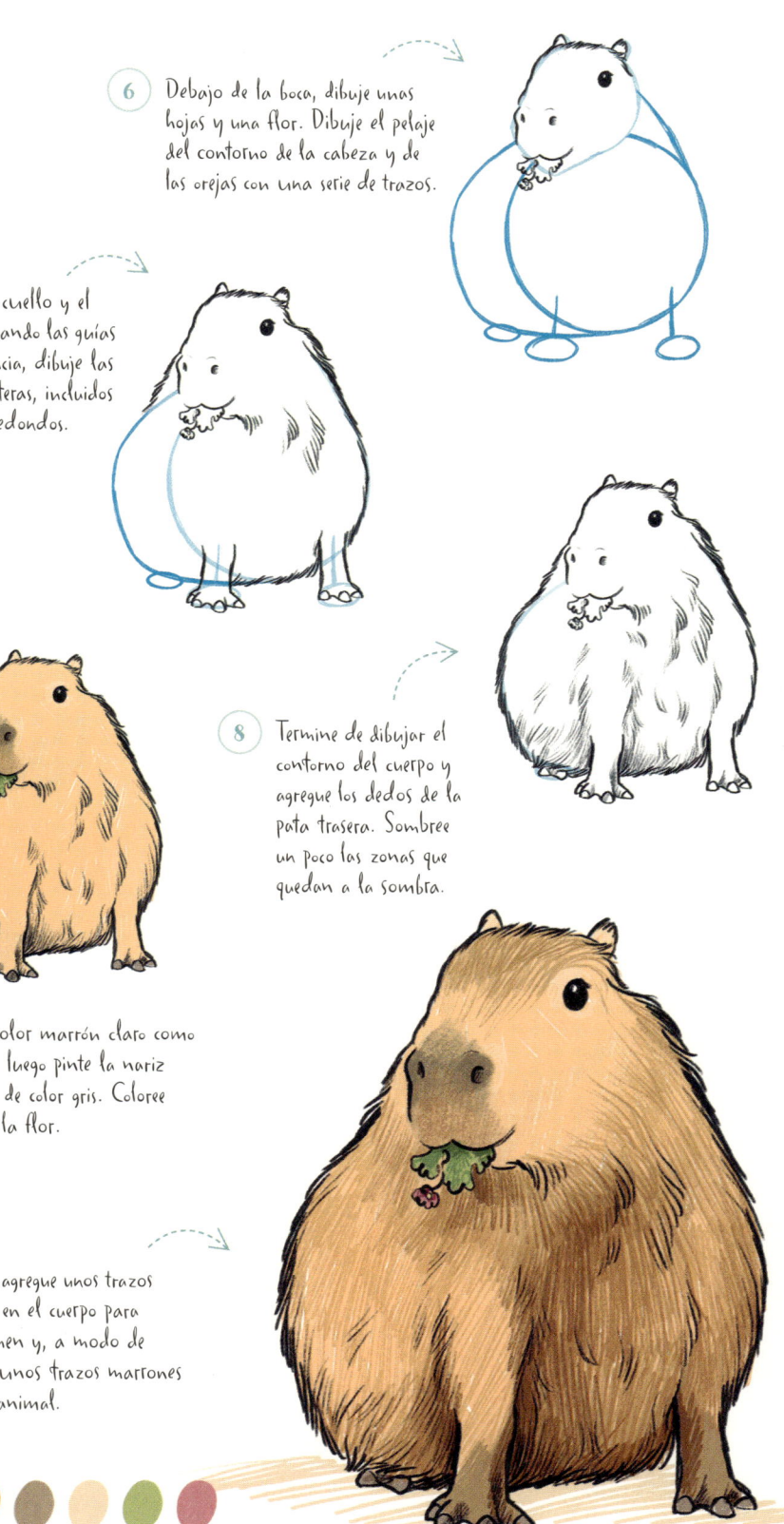

6 Debajo de la boca, dibuje unas hojas y una flor. Dibuje el pelaje del contorno de la cabeza y de las orejas con una serie de trazos.

7 Siga con el cuello y el cuerpo. Tomando las guías como referencia, dibuje las patas delanteras, incluidos los deditos redondos.

8 Termine de dibujar el contorno del cuerpo y agregue los dedos de la pata trasera. Sombree un poco las zonas que quedan a la sombra.

9 Utilice un color marrón claro como tono base y luego pinte la nariz y los dedos de color gris. Coloree las hojas y la flor.

10 Por último, agregue unos trazos más oscuros en el cuerpo para darle volumen y, a modo de suelo, pinte unos trazos marrones debajo del animal.

Castor

Las patitas delanteras del castor, que son como manos y le permiten coger la comida, no podrían ser más diferentes que las traseras, que son grandes y tienen los dedos palmeados.

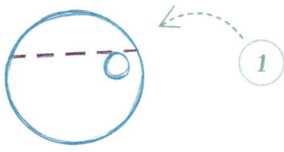

1 Esboce la cabeza con un círculo. Trace una línea discontinua que lo atraviese por la mitad superior. En el lado derecho del interior del círculo, justo debajo de la línea discontinua, haga la nariz con un círculo más pequeño.

2 Esboce las patitas delanteras debajo de la barbilla.

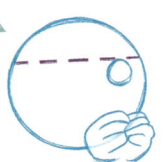

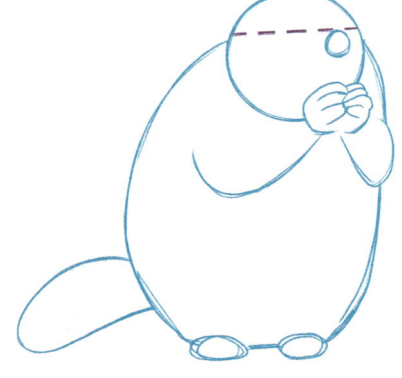

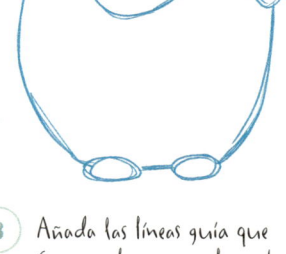

3 Añada las líneas guía que forman el cuerpo y las patas delanteras y los dos óvalos pequeños de las patas traseras.

4 Haga la cola con un arco.

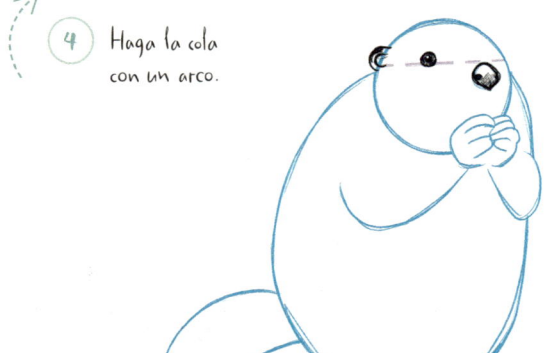

5 Dibuje el ojo sobre la línea discontinua. Pinte la pupila de color negro, dejando en blanco un diminuto reflejo circular. Dibuje la oreja en el lado izquierdo y la nariz en el derecho.

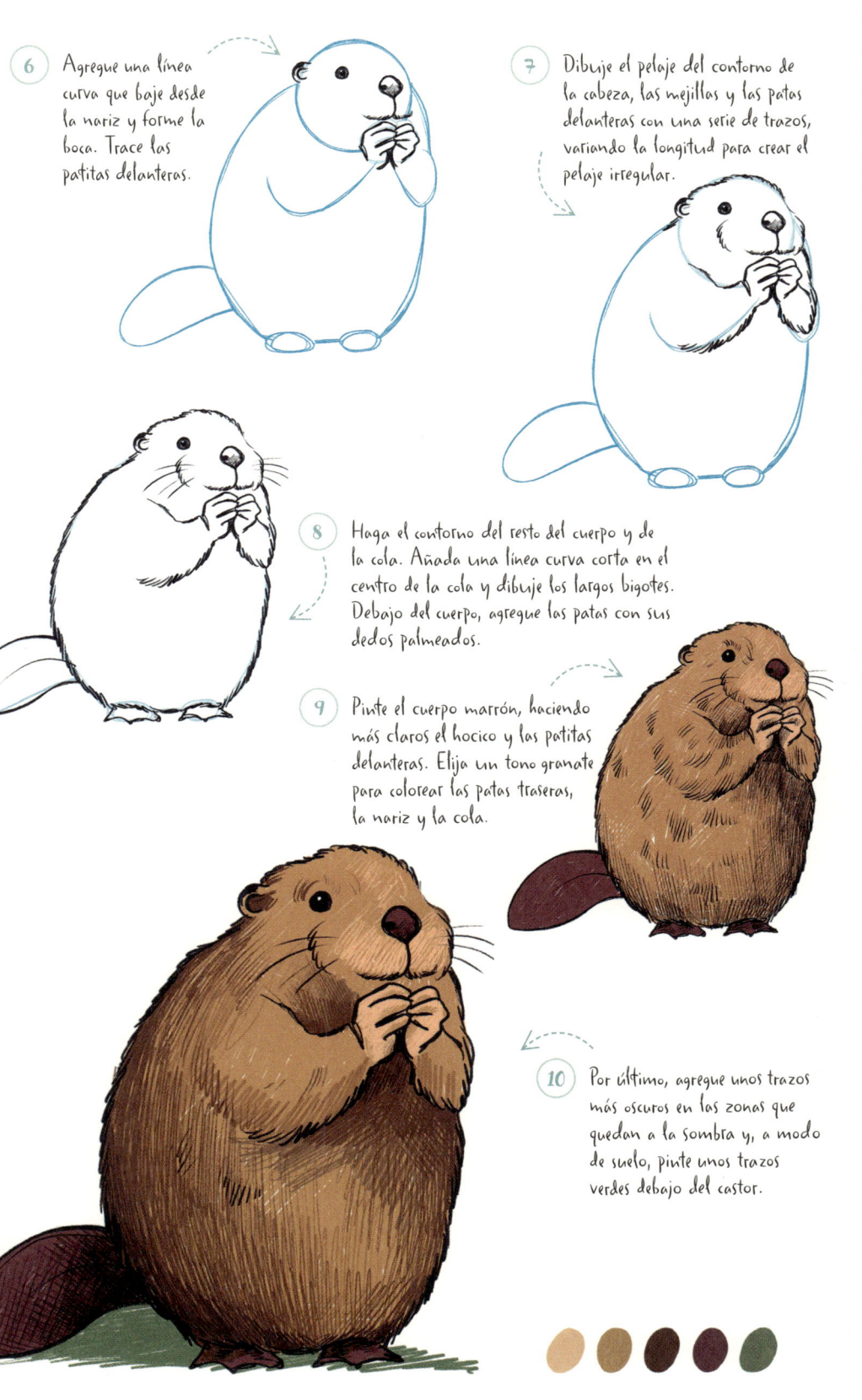

6 Agregue una línea curva que baje desde la nariz y forme la boca. Trace las patitas delanteras.

7 Dibuje el pelaje del contorno de la cabeza, las mejillas y las patas delanteras con una serie de trazos, variando la longitud para crear el pelaje irregular.

8 Haga el contorno del resto del cuerpo y de la cola. Añada una línea curva corta en el centro de la cola y dibuje los largos bigotes. Debajo del cuerpo, agregue las patas con sus dedos palmeados.

9 Pinte el cuerpo marrón, haciendo más claros el hocico y las patitas delanteras. Elija un tono granate para colorear las patas traseras, la nariz y la cola.

93

10 Por último, agregue unos trazos más oscuros en las zonas que quedan a la sombra y, a modo de suelo, pinte unos trazos verdes debajo del castor.

Comadreja japonesa

Si planea bien el boceto, le resultará fácil dibujar el largo y esbelto cuerpo de la comadreja. Cuando trace cada círculo, compare bien sus formas y fíjese bien en las distancias de separación.

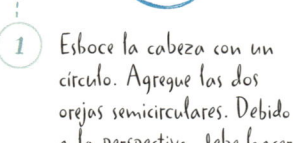

1 Esboce la cabeza con un círculo. Agregue las dos orejas semicirculares. Debido a la perspectiva, debe hacer una bastante más pequeña que la otra.

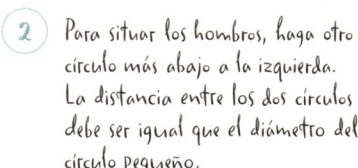

2 Para situar los hombros, haga otro círculo más abajo a la izquierda. La distancia entre los dos círculos debe ser igual que el diámetro del círculo pequeño.

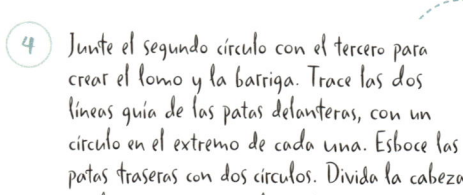

3 Junte las dos formas con líneas curvas para formar el cuello. Para hacer las caderas, trace un tercer círculo superpuesto al lado izquierdo del segundo. Este círculo debe ser un poco más grande que el anterior.

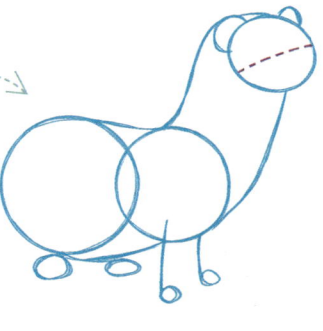

4 Junte el segundo círculo con el tercero para crear el lomo y la barriga. Trace las dos líneas guía de las patas delanteras, con un círculo en el extremo de cada una. Esboce las patas traseras con dos círculos. Divida la cabeza por la mitad con una línea discontinua.

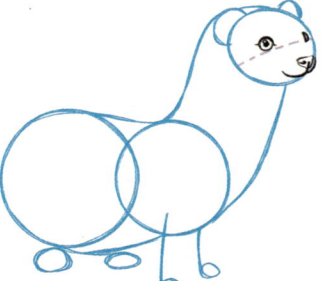

5 Dibuje los ojos sobre la línea discontinua. El ojo más alejado solo es un pequeño semicírculo. Pinte la pupila de color negro, dejando en blanco un diminuto reflejo circular. Debajo, haga la nariz y la boca.

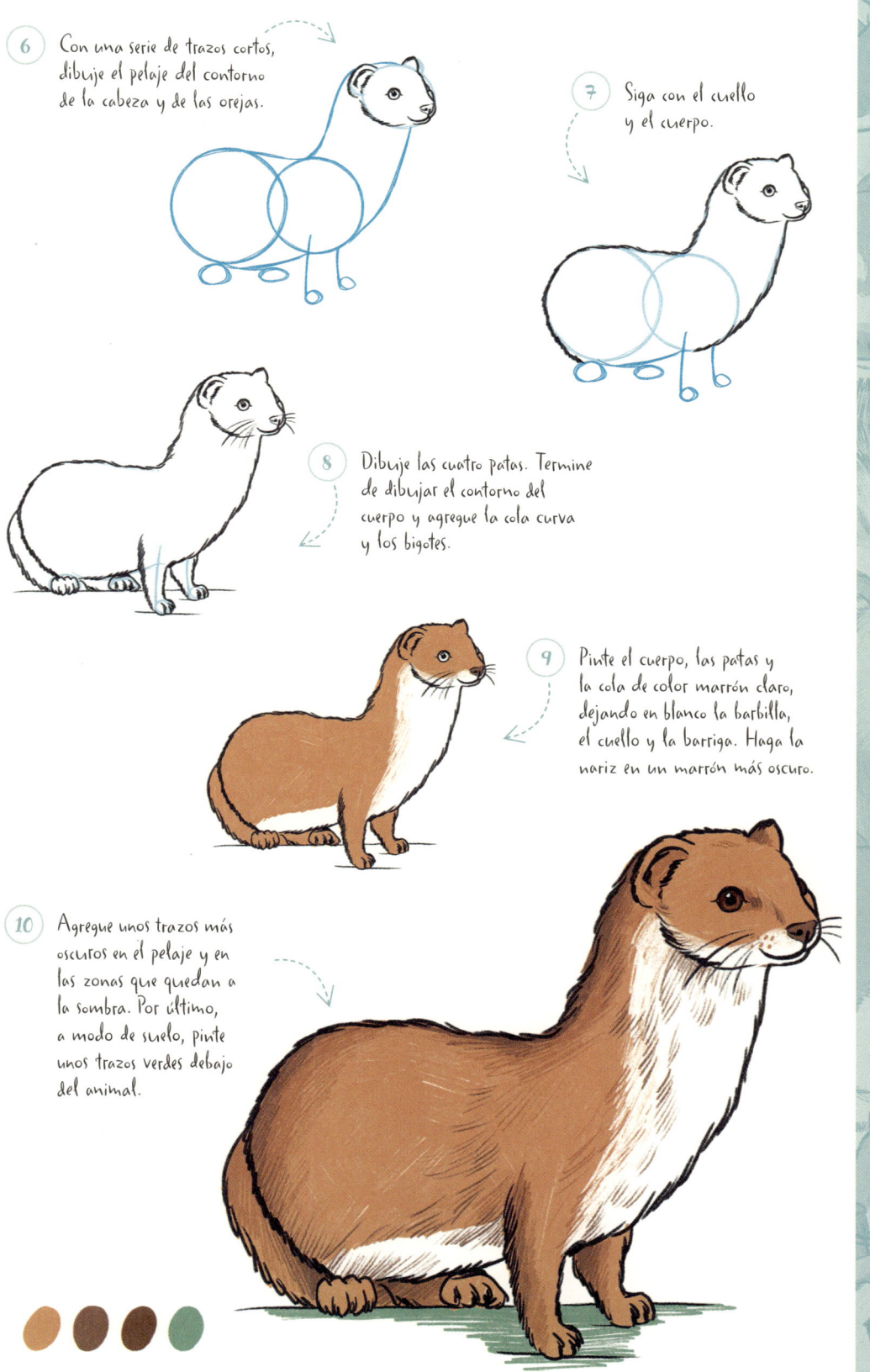

6 Con una serie de trazos cortos, dibuje el pelaje del contorno de la cabeza y de las orejas.

7 Siga con el cuello y el cuerpo.

8 Dibuje las cuatro patas. Termine de dibujar el contorno del cuerpo y agregue la cola curva y los bigotes.

9 Pinte el cuerpo, las patas y la cola de color marrón claro, dejando en blanco la barbilla, el cuello y la barriga. Haga la nariz en un marrón más oscuro.

10 Agregue unos trazos más oscuros en el pelaje y en las zonas que quedan a la sombra. Por último, a modo de suelo, pinte unos trazos verdes debajo del animal.

Coatí de nariz blanca

Del tamaño de un gato doméstico grande, el coatí de nariz blanca puede usar sus fuertes garras para bajar de los árboles cabeza abajo.

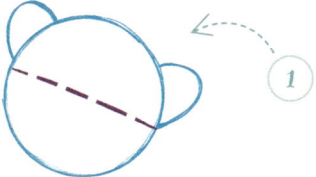

(1) Esboce la cabeza con un círculo. Divídalo por la mitad con una línea discontinua. Encima, trace los dos arcos de las orejas.

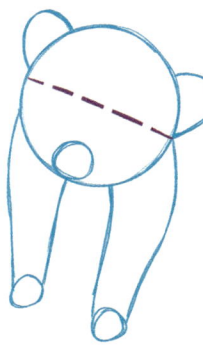

(2) Dentro del círculo, en la parte inferior, haga el pequeño círculo guía de la nariz. Debajo de la cabeza, esboce las patas delanteras con un óvalo en cada extremo.

96

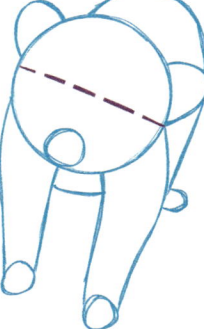

(3) Trace las líneas de las caderas, las patas traseras y el pecho y añada un semicírculo para crear el pie trasero visible.

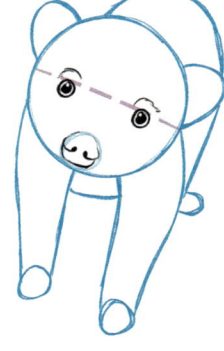

(4) Dibujos los ojos redondos debajo de la línea discontinua y las cejas arqueadas encima. Pinte las pupilas de color negro, dejando en blanco un diminuto reflejo circular en la parte superior de cada una. Más abajo, dibuje la nariz.

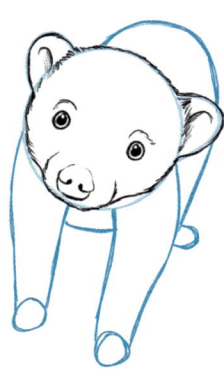

(5) Añada el pelaje del contorno de la cabeza, de las orejas y del hocico con una serie de trazos cortos. Haga trazos más largos en el interior de las orejas.

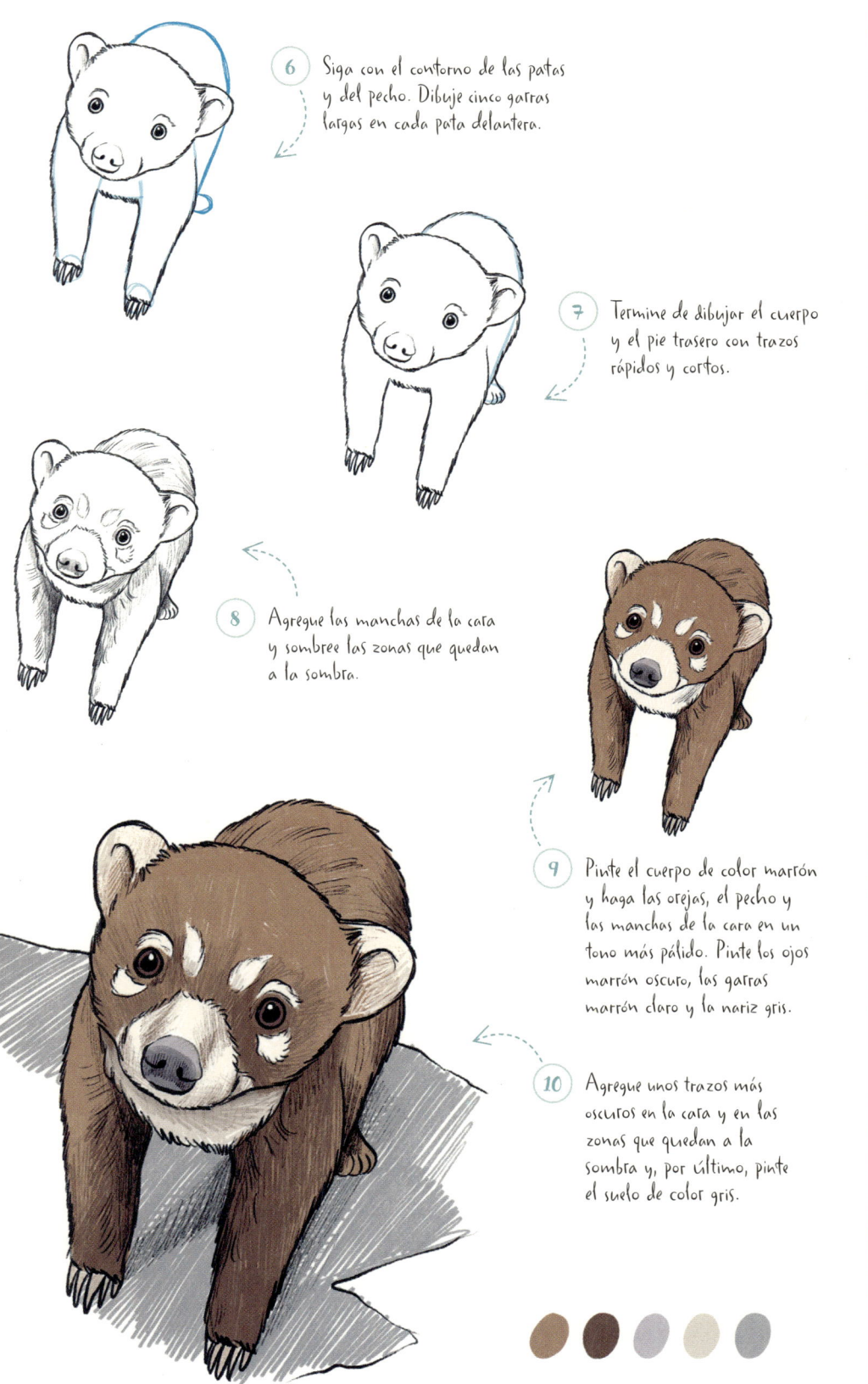

6 Siga con el contorno de las patas y del pecho. Dibuje cinco garras largas en cada pata delantera.

7 Termine de dibujar el cuerpo y el pie trasero con trazos rápidos y cortos.

8 Agregue las manchas de la cara y sombree las zonas que quedan a la sombra.

9 Pinte el cuerpo de color marrón y haga las orejas, el pecho y las manchas de la cara en un tono más pálido. Pinte los ojos marrón oscuro, las garras marrón claro y la nariz gris.

10 Agregue unos trazos más oscuros en la cara y en las zonas que quedan a la sombra y, por último, pinte el suelo de color gris.

Petirrojo europeo

Con su rostro rojizo y su pecho henchido, el petirrojo es uno de
los pájaros cantores más queridos de los jardines de toda Europa.

1. Esboce el cuerpo con un círculo. Para crear la guía de la cabeza, añada otro círculo más pequeño que se superponga al anterior, en la parte de arriba a la derecha.

2. En el lado derecho de la cabeza, trace el pico con dos triángulos. En el lado izquierdo del cuerpo, esboce el ala con dos líneas curvas.

3. Haga las dos líneas guía de las patas, con cuatro trazos cortos en el extremo de cada una.

4. Dibuje el ojo redondo pegado a la línea guía. Pinte la pupila de color negro, dejando en blanco un reflejo circular.

5. Tomando los triángulos guía como referencia, dibuje el pico.

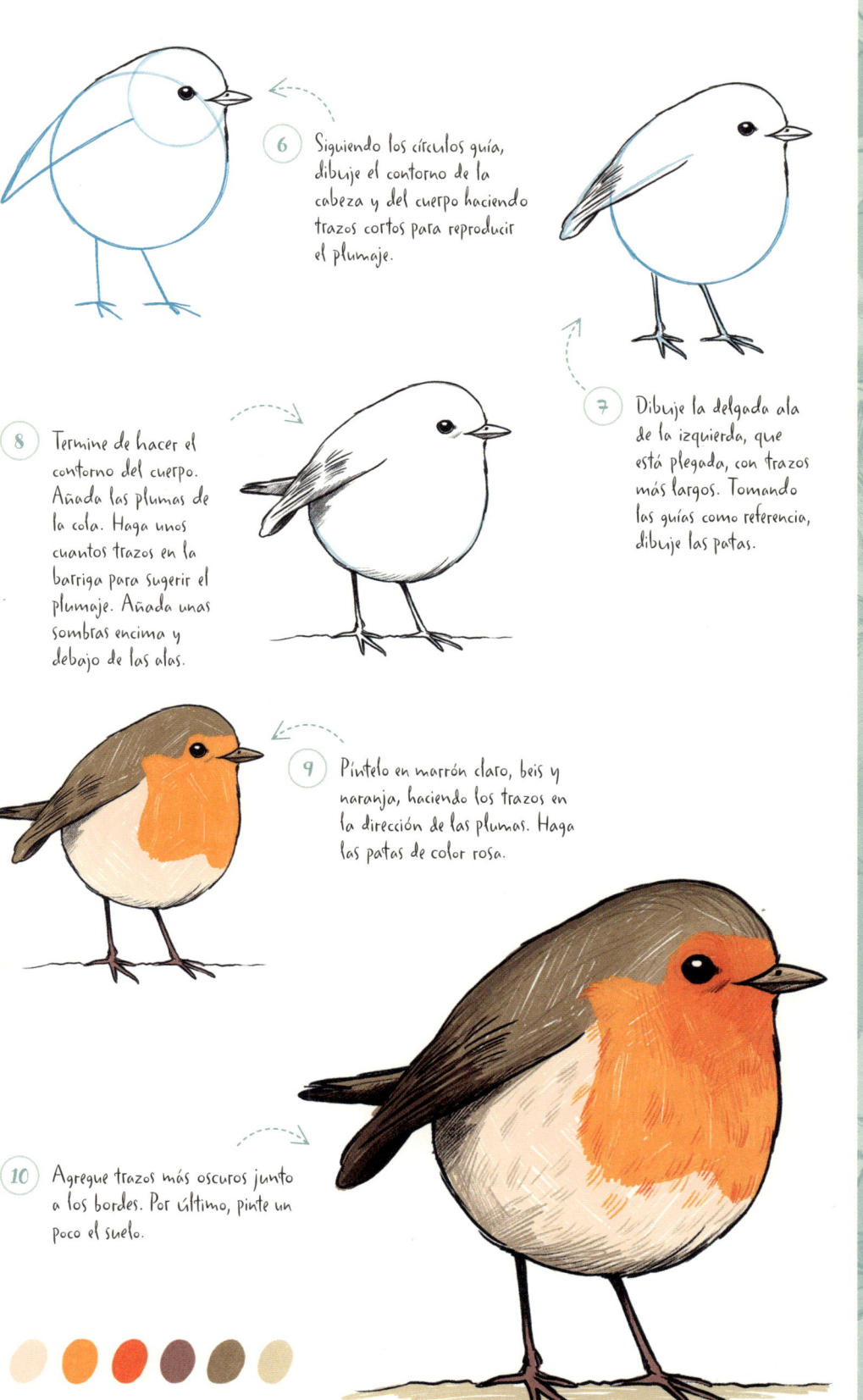

6 Siguiendo los círculos guía, dibuje el contorno de la cabeza y del cuerpo haciendo trazos cortos para reproducir el plumaje.

7 Dibuje la delgada ala de la izquierda, que está plegada, con trazos más largos. Tomando las guías como referencia, dibuje las patas.

8 Termine de hacer el contorno del cuerpo. Añada las plumas de la cola. Haga unos cuantos trazos en la barriga para sugerir el plumaje. Añada unas sombras encima y debajo de las alas.

9 Píntelo en marrón claro, beis y naranja, haciendo los trazos en la dirección de las plumas. Haga las patas de color rosa.

10 Agregue trazos más oscuros junto a los bordes. Por último, pinte un poco el suelo.

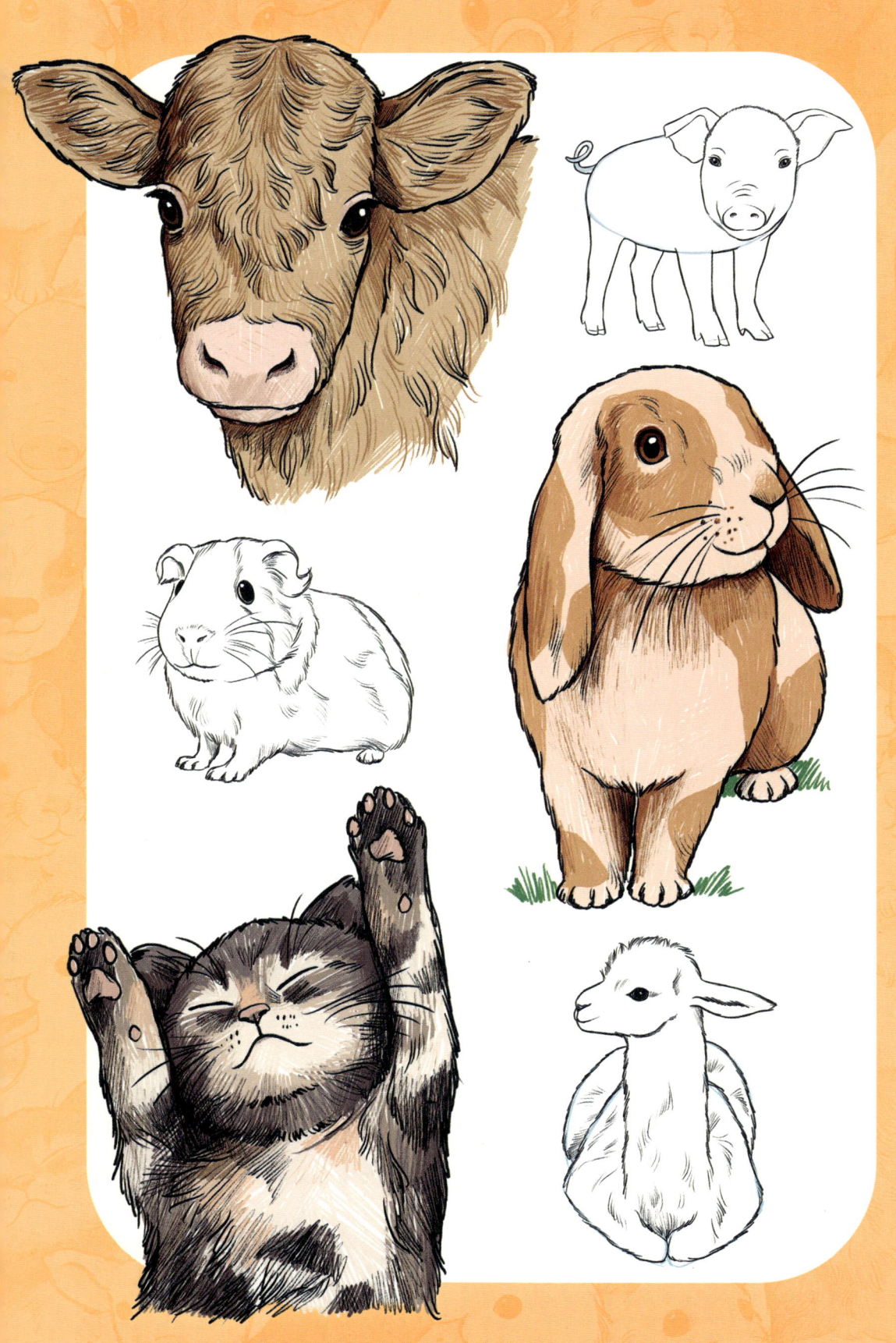

Animales domésticos

Gatito

¿Se le ocurre algo más mono que un gatito con las patitas estiradas? A la hora de colorear a esta bolita de pelo atigrada, haga trazos largos y sueltos.

(1) Esboce la cabeza con un óvalo. Divídalo por el centro con una línea vertical y luego con una línea horizontal discontinua.

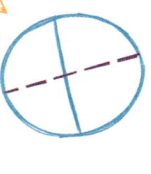

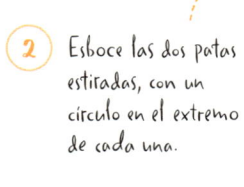

(2) Esboce las dos patas estiradas, con un círculo en el extremo de cada una.

102

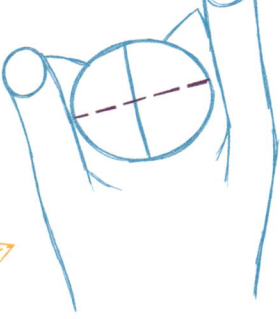

(3) Encima del círculo de la cabeza, trace las líneas de las orejas. Debajo, haga las dos líneas curvas que forman el cuello.

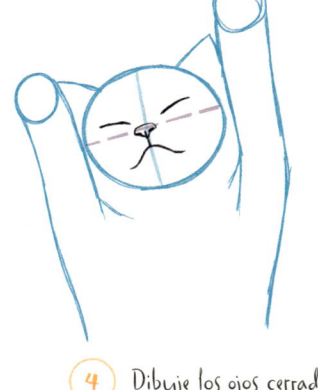

(4) Dibuje los ojos cerrados con dos líneas curvas. Haga la nariz justo donde se cruzan las dos líneas guía y la boca un poco más abajo.

(5) Trace el pelaje del contorno de las patas con una serie de trazos cortos. Añada las cinco almohadillas de cada pata.

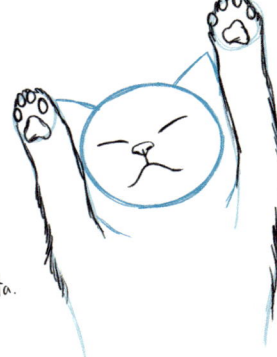

6 Trace el pelaje del contorno de las orejas, de la cabeza y del cuello. Haga unos puntitos a cada lado de la nariz, que serán la base de los bigotes.

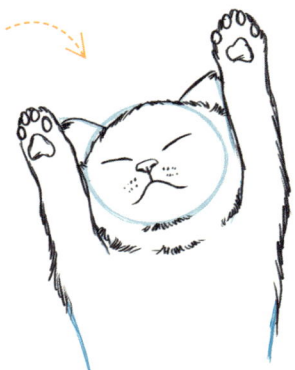

7 Agregue trazos más largos por la cara y el cuerpo. Trace los bigotes.

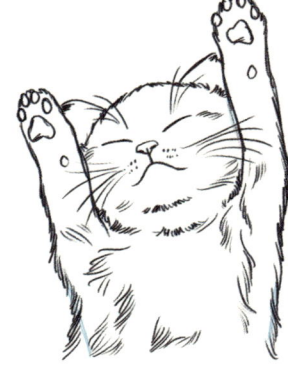

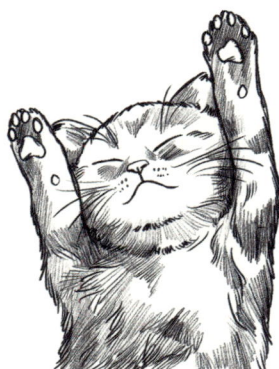

8 Añada sombras haciendo los trazos hacia una misma dirección, pero procure que sean de longitudes diferentes para darle una apariencia más natural.

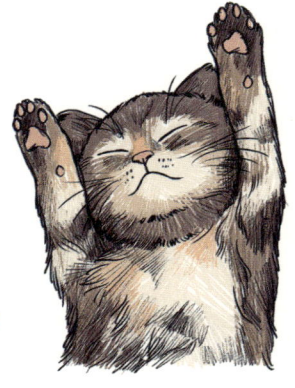

9 Coloree el gatito atigrado en diferentes tonos de gris y marrón, y luego pinte la nariz y las almohadillas de color rosa.

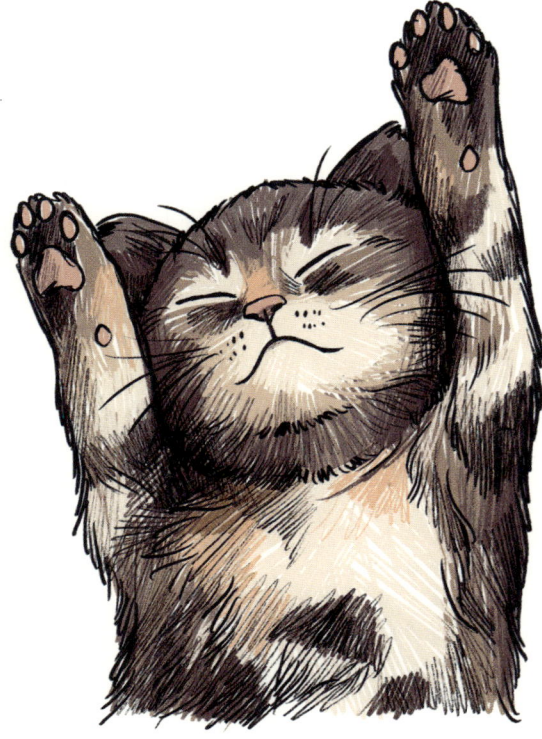

10 Por último, agregue unos trazos más oscuros para darle volumen.

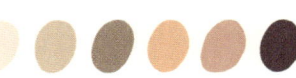

Conejo

Las largas orejas caídas y la nariz chata de este animalito lo convierten en una de las mascotas más adorables.

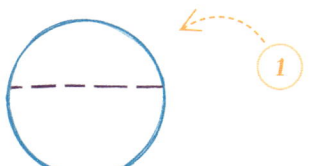

1 Esboce la cabeza con un círculo. Trace una línea discontinua que lo atraviese por la mitad superior.

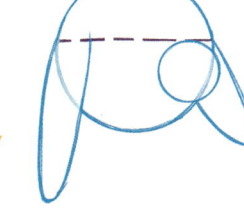

2 En el lado derecho del interior del círculo, justo debajo de la línea discontinua, haga el pequeño círculo guía del hocico. Esboce las orejas con dos arcos.

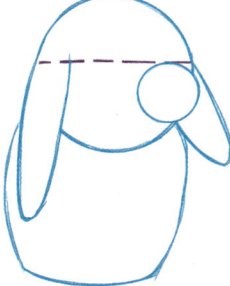

3 Añada una «U» para crear el cuerpo.

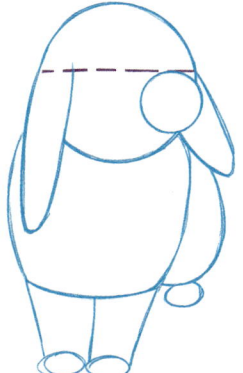

4 Debajo del cuerpo, trace las líneas guía de las patas delanteras, con un óvalo en el extremo de cada una. Más arriba a la derecha, agregue una línea curva con un óvalo debajo para formar la pata trasera.

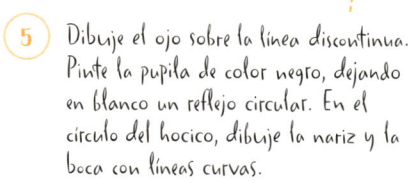

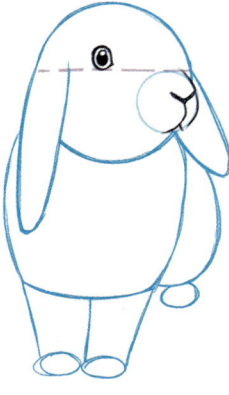

5 Dibuje el ojo sobre la línea discontinua. Pinte la pupila de color negro, dejando en blanco un reflejo circular. En el círculo del hocico, dibuje la nariz y la boca con líneas curvas.

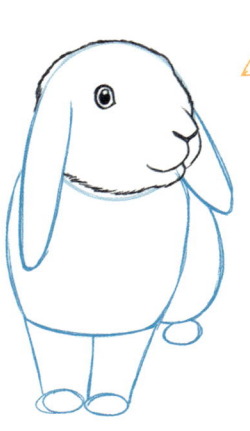

6 Trace el pelaje del contorno de la cabeza y del cuello con una serie de trazos cortos.

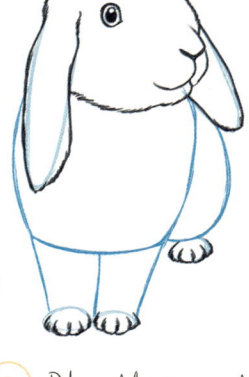

7 Dibuje del mismo modo el contorno de las orejas. Agregue los dedos peluditos de las patas.

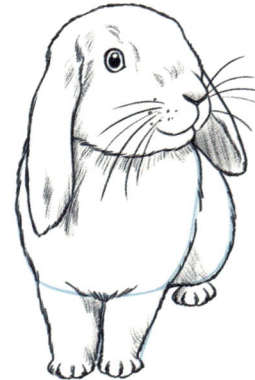

8 Siguiendo las guías, termine de dibujar el contorno del cuerpo. Trace los largos bigotes y los puntitos en la base. Sombree el dibujo.

9 Para pintar el cuerpo, utilice un color beis claro como tono base. Haga el ojo de color marrón.

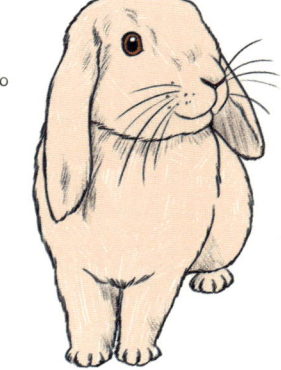

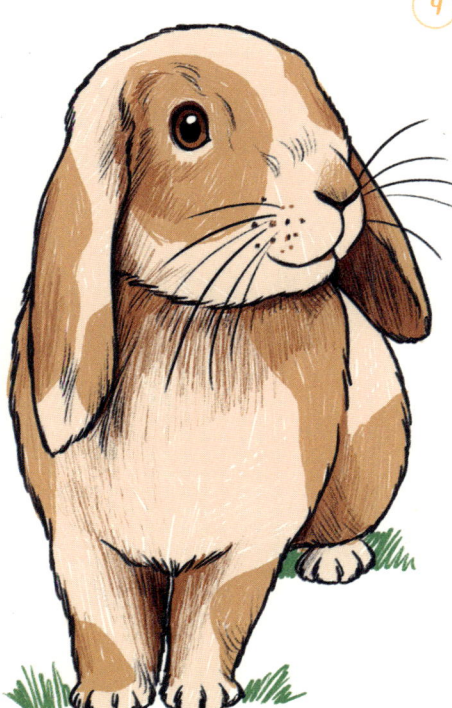

10 Añada varias manchas marrones irregulares en el cuerpo para crear el pelaje moteado. Por último, agregue unos trazos más oscuros para dar volumen al dibujo y, debajo, pinte unas briznas de hierba verde.

Cerdito

Los cerditos tienen una cara grande, los ojos a los lados y un morro pronunciado de color rosa. Tome las guías como referencia para colocar los rasgos faciales y, para darle un toque adorable extra, añádale unas arruguitas encima del morro.

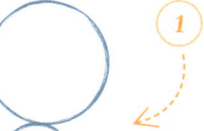

1 Esboce la cabeza con un círculo y, justo debajo, añada el pequeño óvalo guía del hocico.

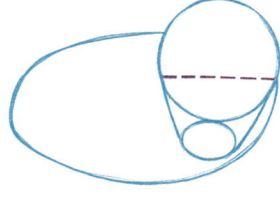

2 Añada una línea discontinua que atraviese la mitad inferior del círculo. Junte el círculo y el óvalo para dar forma a la cara. Para hacer el cuerpo, dibuje un óvalo grande alrededor de la cabeza.

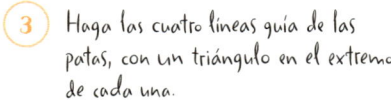

3 Haga las cuatro líneas guía de las patas, con un triángulo en el extremo de cada una.

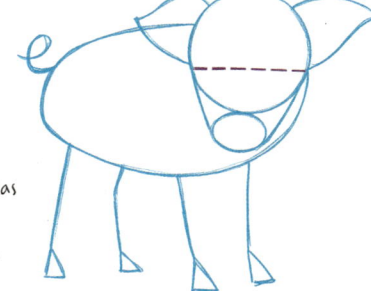

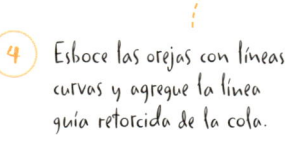

4 Esboce las orejas con líneas curvas y agregue la línea guía retorcida de la cola.

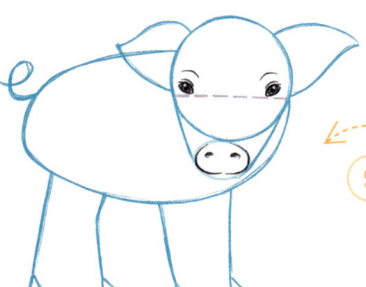

5 Sobre la línea discontinua, dibuje los ojos con las cejas arqueadas. Pinte las pupilas de color negro, dejando en blanco los reflejos circulares. Dibuje el morro tomando como referencia el óvalo guía. Añada los dos orificios nasales.

6 Dibuje la parte superior de la cabeza con una serie de trazos muy cortos. Hágalos más largos cuando trace los lados y la barbilla.

7 Tomando las guías como referencia, dibuje las patas.

8 Termine de dibujar el contorno del cuerpo y de la cola.

9 Pinte el cuerpo de color rosa claro.

10 Utilice un rosa más oscuro para pintar la nariz, el interior de las orejas y las patas. Por último, añada unas briznas de hierba verde debajo del animal.

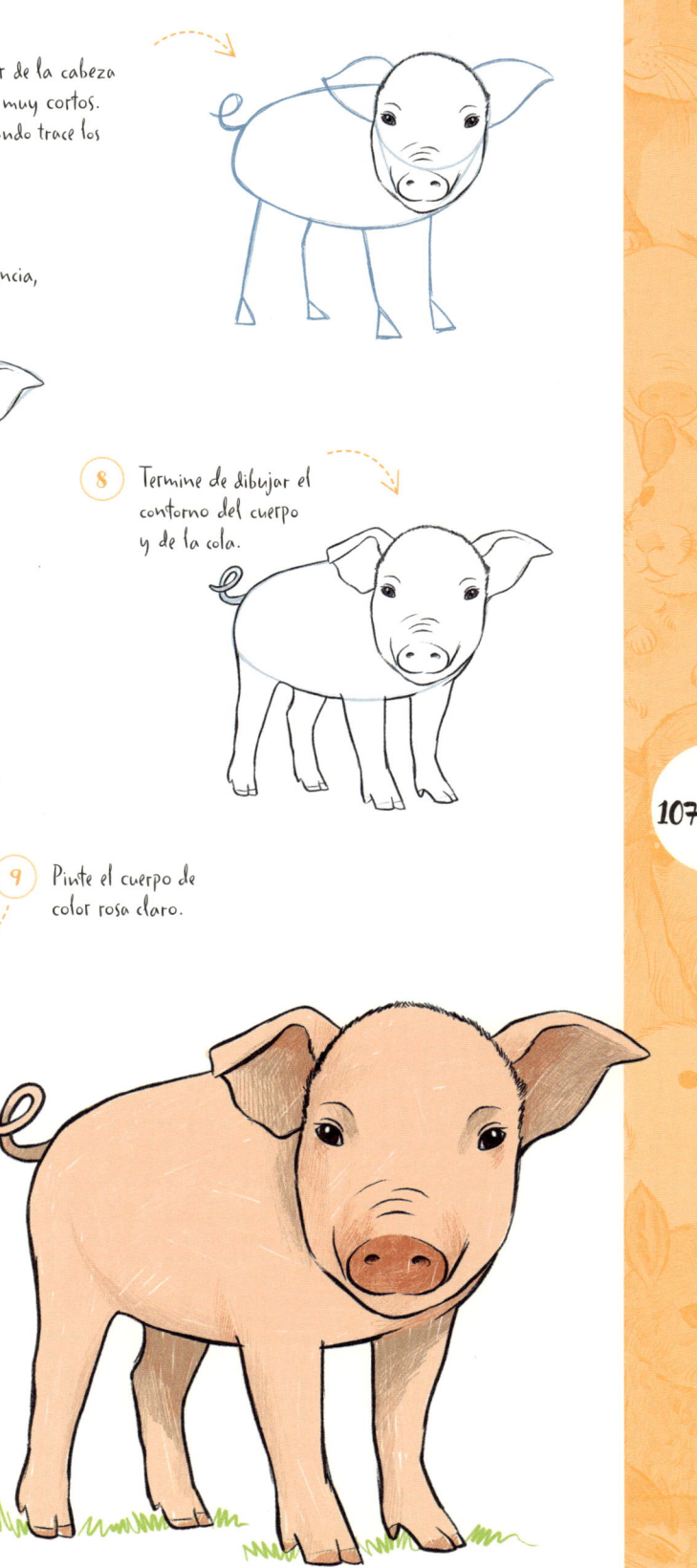

Cabrita

Hay cabras de muchos colores diferentes. Haga esta cría con manchas blancas y marrones y luego añádale unos trazos grises para que parezca más peludita.

1 Esboce la cabeza con una forma rectangular. Divídala por la mitad con una línea horizontal discontinua.

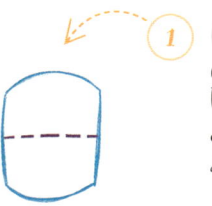

2 Debajo de la línea discontinua, añada el óvalo guía del hocico. Para esbozar las orejas, trace una forma triangular a cada lado de la cabeza.

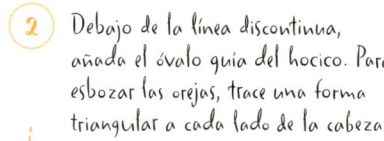

3 Trace el pecho con un círculo y, en el lado derecho, haga el resto del cuerpo con una forma cilíndrica.

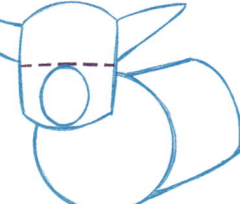

4 Agregue las líneas guía de las patas, haciendo las articulaciones de las rodillas con círculos y las pezuñas con triángulos. Trace la pequeña línea guía curva de la cola.

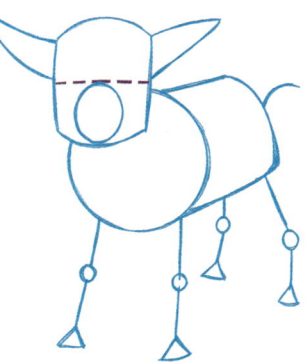

5 Dibuje los ojos sobre la línea discontinua. Pinte las pupilas negras, dejando en blanco los reflejos circulares. Dentro del óvalo guía, dibuje la nariz y la boca.

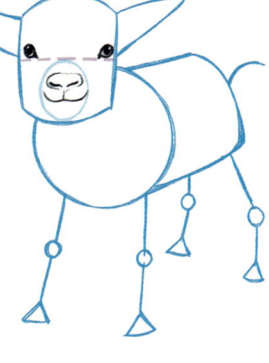

6 Añada el pelaje del contorno de la cabeza y de las orejas con una serie de trazos cortos.

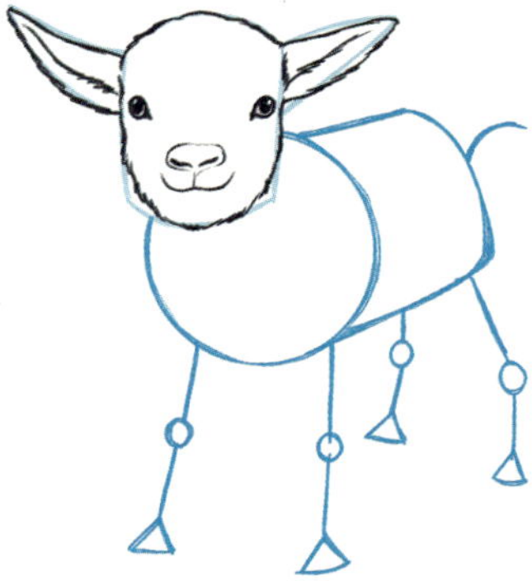

7 Siga con las patas y la cola.

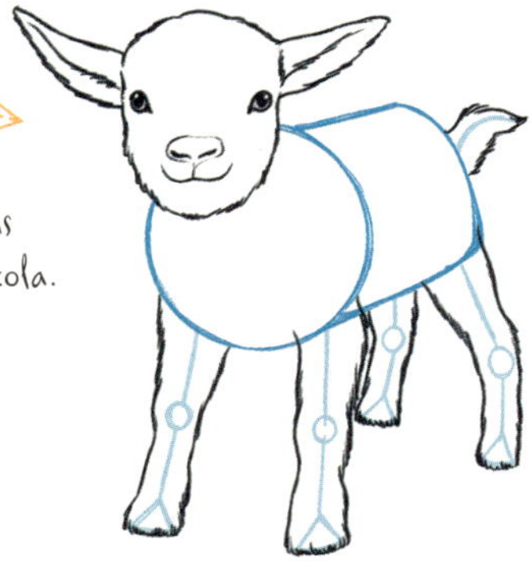

8 Termine de dibujar el contorno del cuerpo.

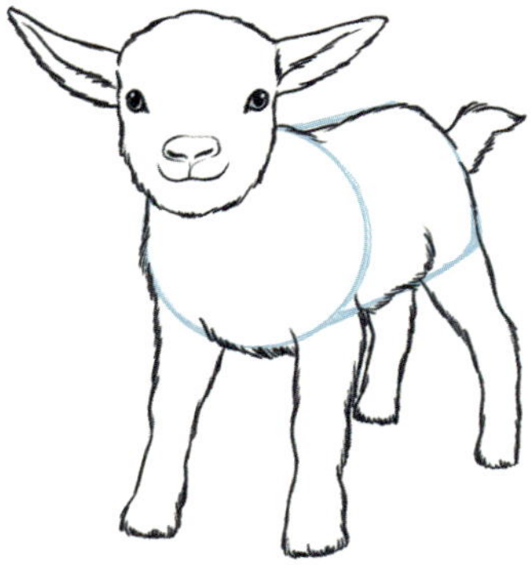

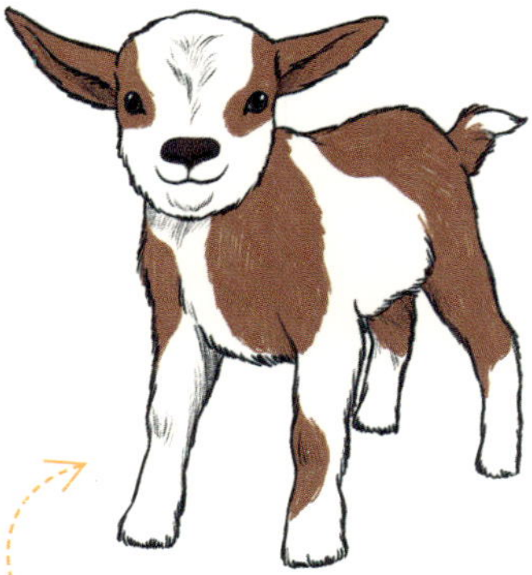

9 Pinte las manchas de color marrón y blanco. Después, añada algunos trazos más en la cara y en las patas para que la cabrita parezca más peluda.

10 Agregue unos trazos más oscuros en las zonas que quedan a la sombra y, debajo, pinte unas briznas de hierba verde.

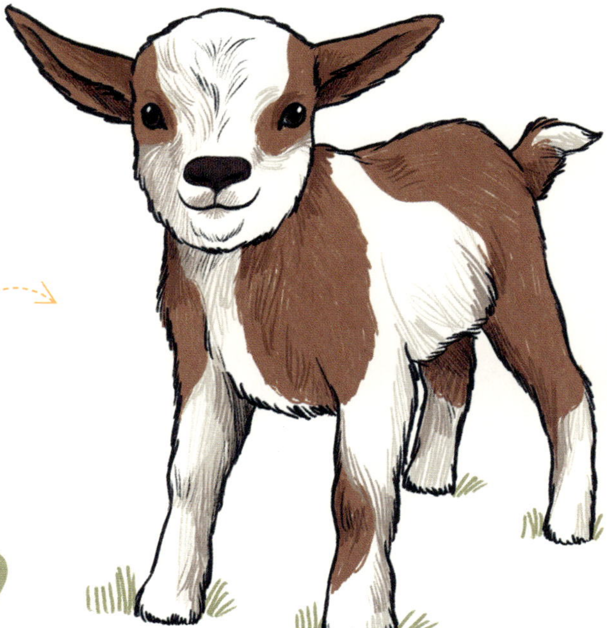

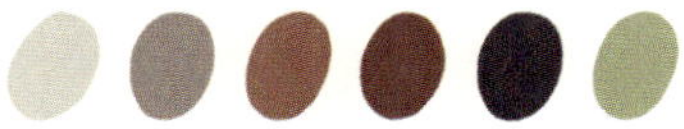

109

Llama

Igual que sus parientes camellos, las llamas se tumban con las patas plegadas debajo del cuerpo. Esta posición se denomina *kush*.

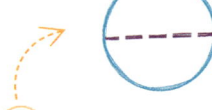

1 Esboce la cabeza con un círculo. Divídalo por la mitad con una línea horizontal discontinua.

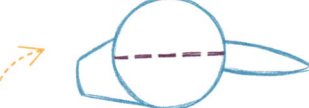

2 Añada una «U» a la izquierda para formar el hocico. En el lado derecho, trace la oreja con una forma parecida a una hoja.

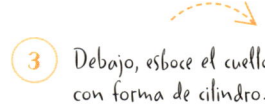

3 Debajo, esboce el cuello con forma de cilindro.

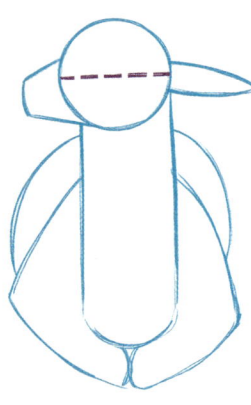

4 A los lados del cuello, haga las líneas guía de las patas delanteras dobladas. Un poco más arriba, esboce el cuerpo con dos líneas curvas.

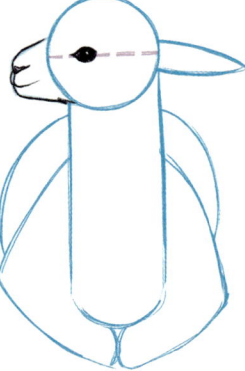

5 Dibuje el ojo en la línea discontinua. Pinte la pupila de color negro, dejando en blanco un reflejo circular. Dibuje la nariz, la boca y la barbilla dentro de la guía del hocico.

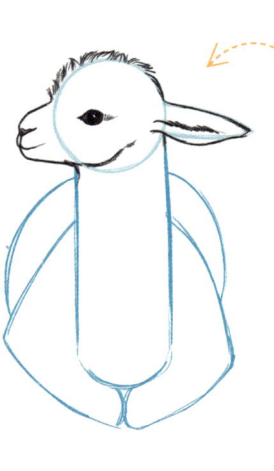

⑥ Haga el pelaje del contorno de la cabeza y de las orejas con trazos variados. Agregue una línea de pelos en la abertura de la oreja.

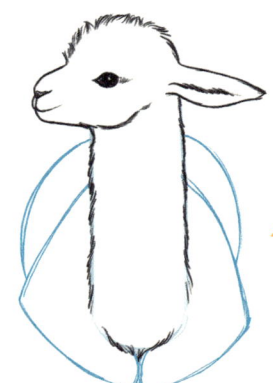

⑦ Siguiendo las guías, dibuje el cuello.

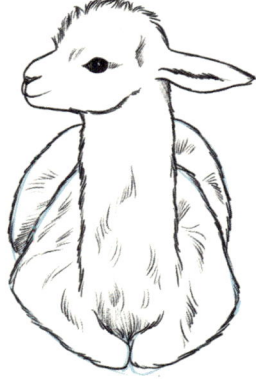

⑧ Termine de dibujar el contorno de las patas y del cuerpo. Añada trazos en el cuerpo para reproducir el pelaje. Haga algunas sombras.

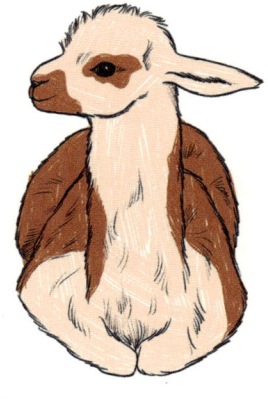

⑨ Pinte el cuerpo de color marrón y beis. Utilice el mismo marrón para colorear el contorno del ojo y el hocico.

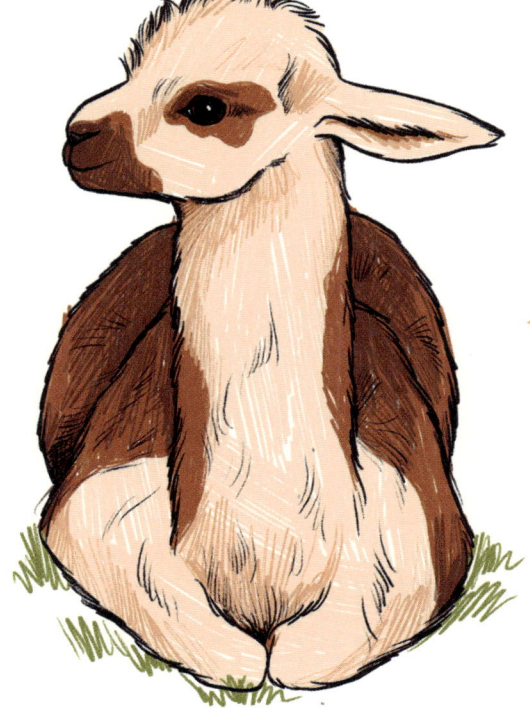

⑩ Por último, agregue unos trazos más oscuros en las zonas que quedan a la sombra y, debajo, pinte unas briznas de hierba verde.

Cordero

Este corderito, una imagen clásica de la primavera y una de las cosas más cucas del mundo, puede dibujarse fácilmente a partir de unas pocas formas básicas.

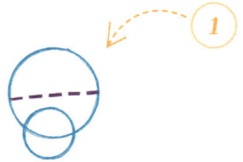

1) Esboce la cabeza con un círculo. Divídalo por la mitad con una línea discontinua. Para crear la guía de la hocico, añada otro círculo más pequeño que se superponga al borde inferior izquierdo.

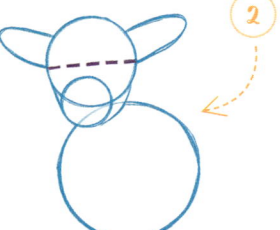

2) Trace las orejas con forma de arco. Una los dos círculos con líneas curva para formar la barbilla. Más abajo, añada un tercer círculo para crear el pecho; debe ser el doble de grande que la cabeza.

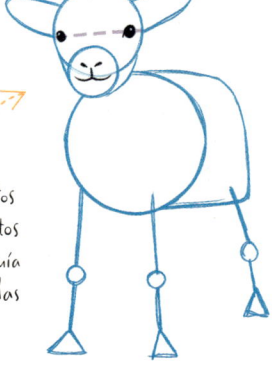

3) A la derecha, forme la parte trasera del cuerpo con una «U».

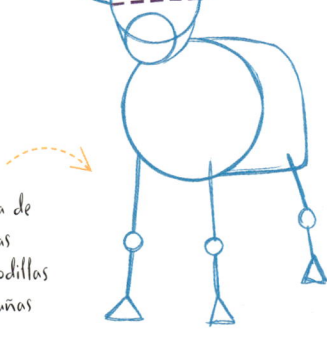

4) Agregue las líneas guía de tres patas, haciendo las articulaciones de las rodillas con círculos y las pezuñas con triángulos.

5) En la línea discontinua, dibuje los ojitos negros, dejando en blanco los diminutos reflejos circulares. Dentro del círculo guía del hocico, haga los orificios nasales y las líneas curvas de la boca.

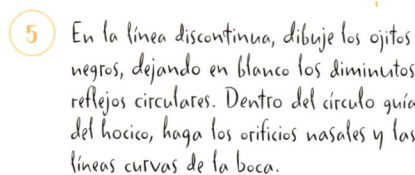

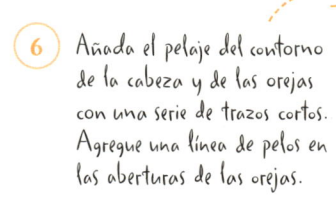

6 Añada el pelaje del contorno de la cabeza y de las orejas con una serie de trazos cortos. Agregue una línea de pelos en las aberturas de las orejas.

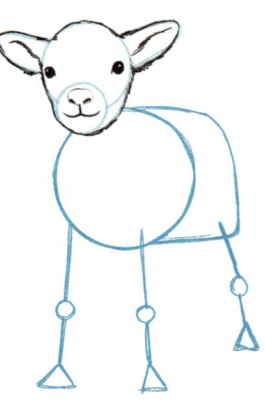

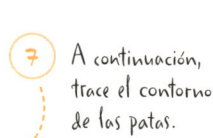

7 A continuación, trace el contorno de las patas.

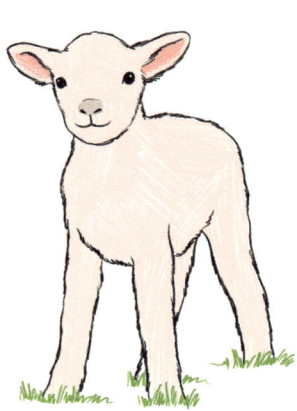

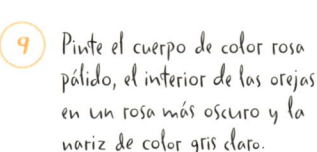

8 Termine de dibujar la parte trasera, el pecho y la barriga. Agregue la cuarta pata detrás de la pata delantera.

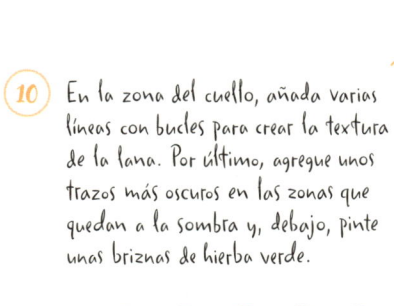

9 Pinte el cuerpo de color rosa pálido, el interior de las orejas en un rosa más oscuro y la nariz de color gris claro.

10 En la zona del cuello, añada varias líneas con bucles para crear la textura de la lana. Por último, agregue unos trazos más oscuros en las zonas que quedan a la sombra y, debajo, pinte unas briznas de hierba verde.

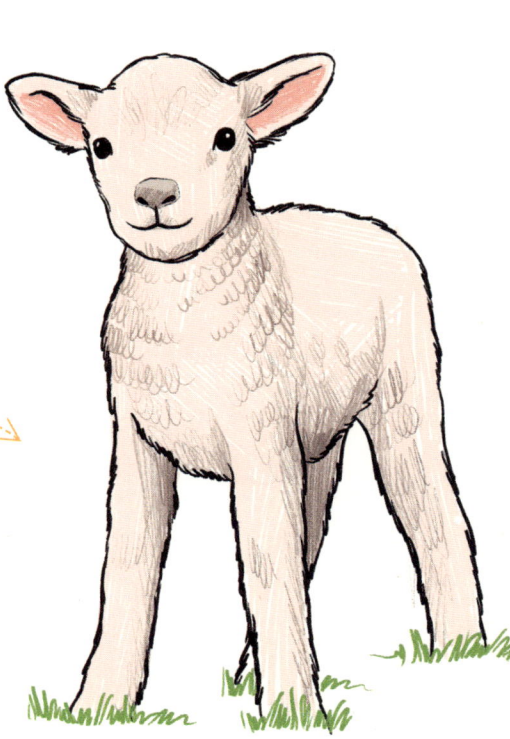

Alpaca

La lana de la alpaca es muy apreciada por su suavidad y durabilidad.
Experimente con los trazos para crear el grueso y rizado pelaje de este animal.

1 Esboce la cabeza con un círculo y divídalo por la mitad con una línea discontinua. Cree el hocico añadiendo un círculo pequeño que se superponga al borde inferior izquierdo del primero.

2 Encima de la cabeza, esboce la forma de las puntiagudas orejas.

3 Trace las dos líneas guía del cuello y del lomo.

4 Dibuje el ojo en la línea discontinua. Pinte la pupila de color negro, dejando en blanco un reflejo circular.

5 Trace el contorno de la nariz, la boca y la barbilla tomando como referencia la guía del hocico.

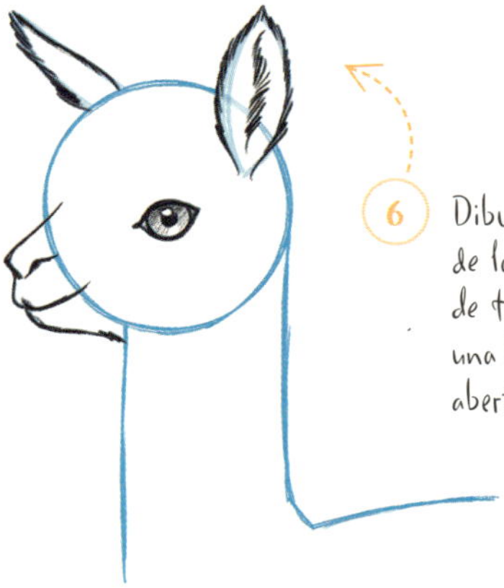

6 Dibuje el pelaje del contorno de las orejas con una serie de trazos cortos. Agregue una línea de pelos en la abertura de la oreja.

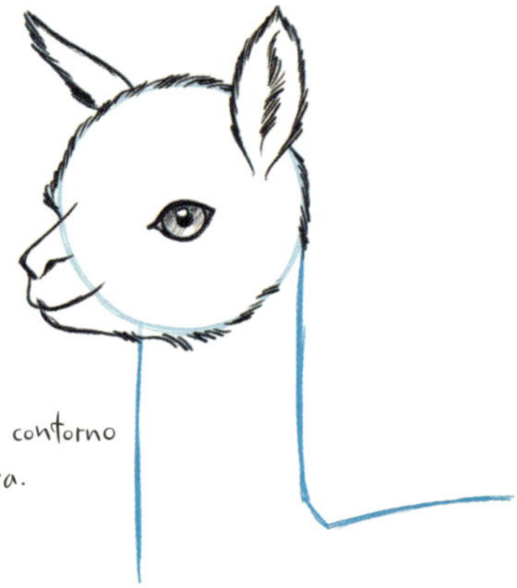

7 Siga con el contorno de la cabeza.

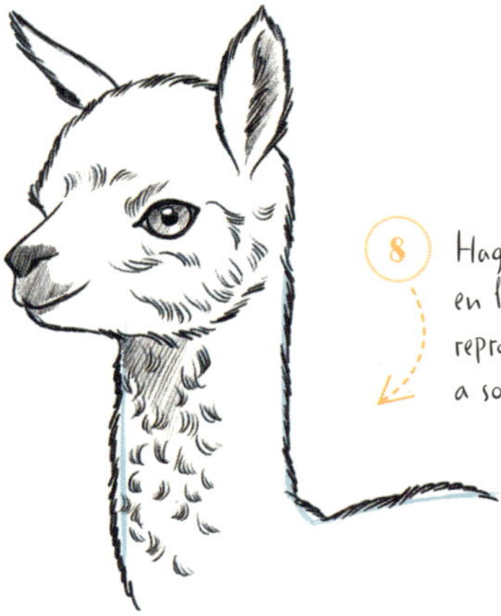

8 Haga algunos trazos curvos en la cara y en el cuello para reproducir el pelaje. Comience a sombrear el dibujo.

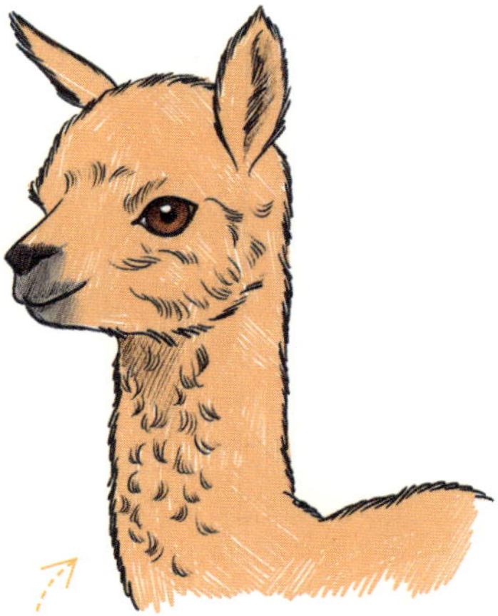

9 Pinte el cuerpo de color marrón claro, la nariz y la boca grises y el ojo en un tono marrón oscuro.

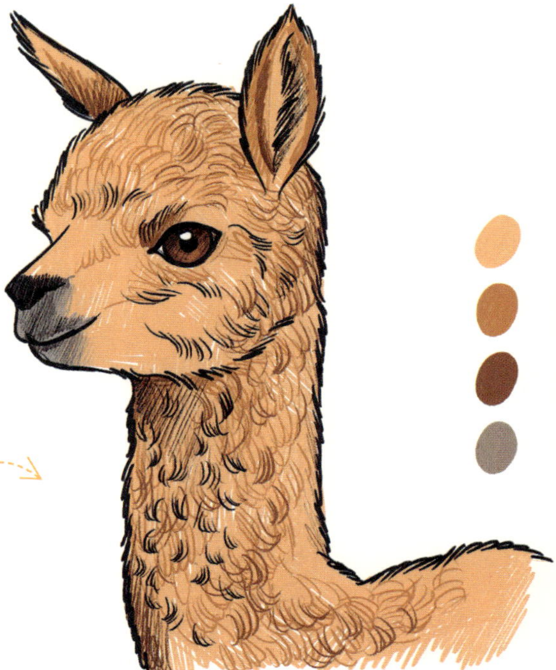

10 Por último, agregue más trazos curvos en tonos más oscuros para que el pelaje parezca más grueso y rizado.

Ternero

Con su gran hocico rosa y sus expresivos ojos marrones,
estos bovinos son una monada.

① Esboce la frente
con un círculo.

② Más abajo, añada el óvalo guía del
hocico y luego una las dos formas con
líneas para crear los lados de la cara.

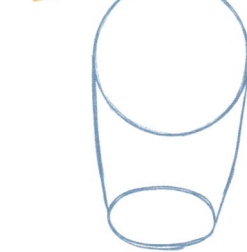

③ A los lados de la cabeza, trace
las formas de las grandes orejas.

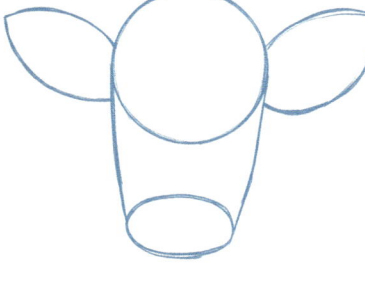

④ Debajo del boceto,
añada la línea curva
de la boca y la línea
corta del cuello.

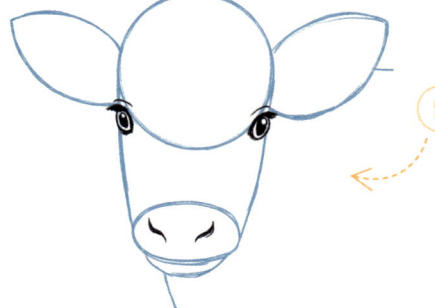

⑤ Dibuje los grandes ojos ovalados con
delicadas pestañas justo debajo del círculo
guía. Pinte las pupilas de color negro,
dejando en blanco un reflejo circular.
En el centro de la guía del hocico, añada
los dos orificios nasales curvos.

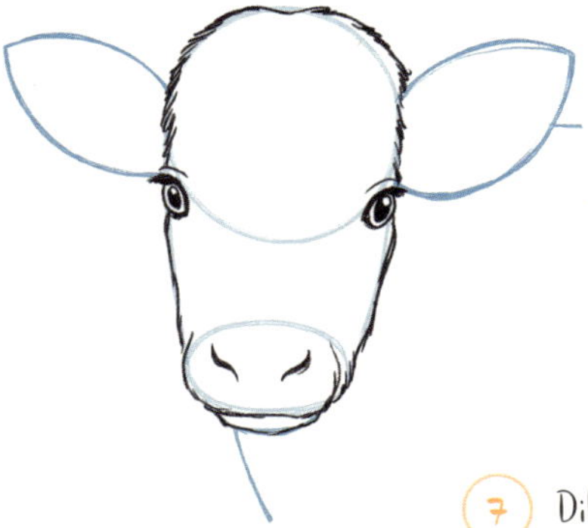

6 Trace el pelaje del contorno de la cabeza y la línea de la boca con una serie de trazos cortos.

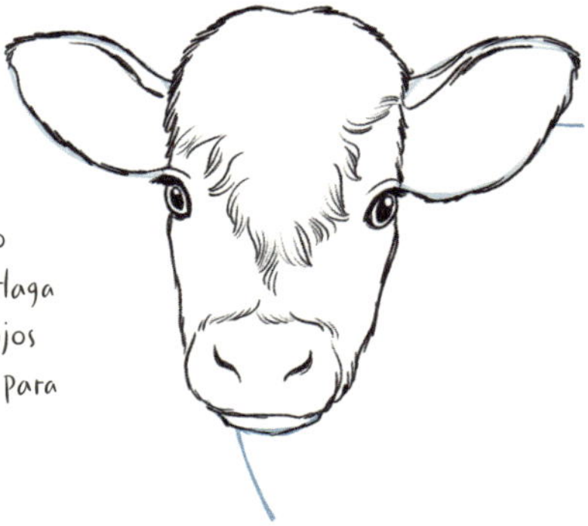

7 Dibuje del mismo modo el contorno las orejas. Haga trazos curvos entre los ojos y alrededor de la nariz para reproducir el pelaje.

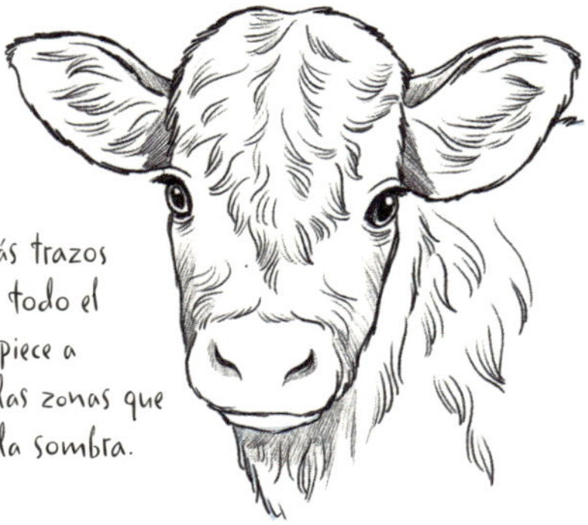

8 Añada más trazos curvos por todo el pelaje. Empiece a sombrear las zonas que quedan a la sombra.

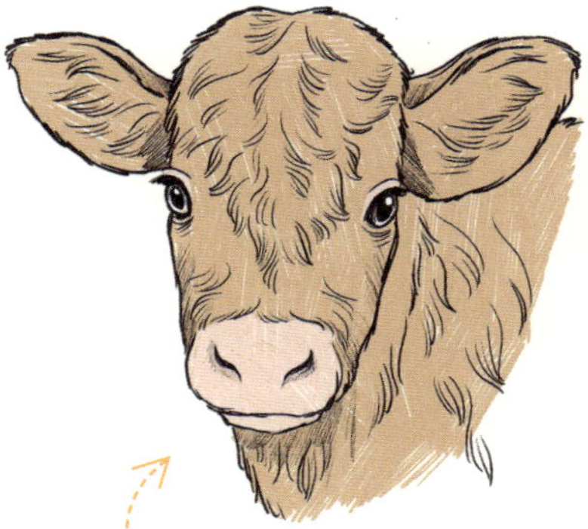

9 Pinte el cuerpo en un tono marrón claro y utilice un rosa pálido para colorear el hocico y el contorno de los ojos.

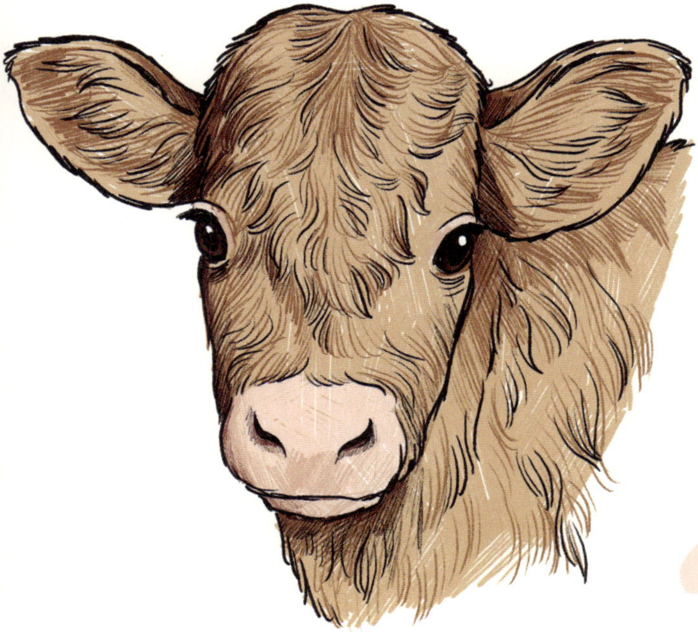

10 Por último, agregue unos trazos más oscuros para dar volumen al dibujo.

Cobaya

La cabeza redonda y el cuerpo rollizo de la cobaya contrasta con sus diminutas patitas. Cada una de sus patas delanteras cuenta con cuatro dedos, pero las traseras solo tienen tres.

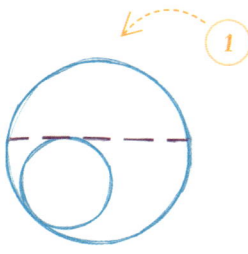

1 Esboce la cabeza con un círculo. Trace una línea horizontal discontinua que lo atraviese por la mitad superior. Dentro de la cabeza, abajo a la izquierda, haga el pequeño círculo guía del hocico.

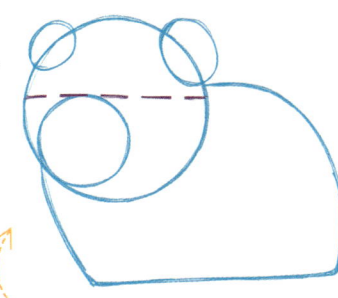

2 Añada la forma rectangular del cuerpo y los dos óvalos de las orejas.

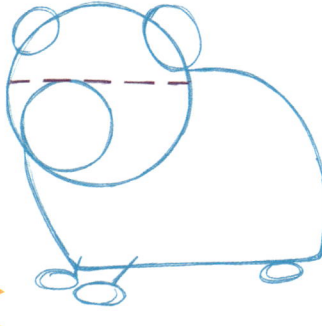

3 Trace las dos líneas guía de las patas delanteras, con un pequeño óvalo en el extremo de cada una. Debajo del cuerpo, en el lado derecho, agregue el óvalo guía de la patita trasera visible.

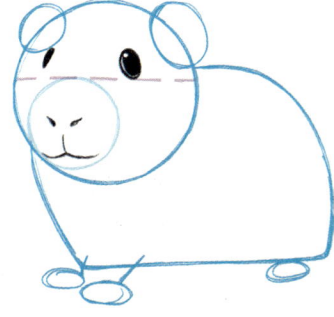

4 Dibuje los ojos sobre la línea discontinua. Observe cómo varían de tamaño debido a la perspectiva. Pinte la gran pupila de color negro, dejando en blanco un reflejo circular. Dentro del círculo guía del hocico, haga los orificios nasales y la boca.

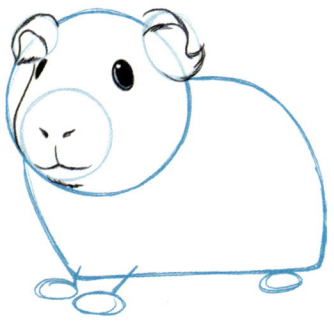

5 Tomando las guías como referencia, dibuje el pelaje ondulado del contorno de las orejas con trazos cortos.

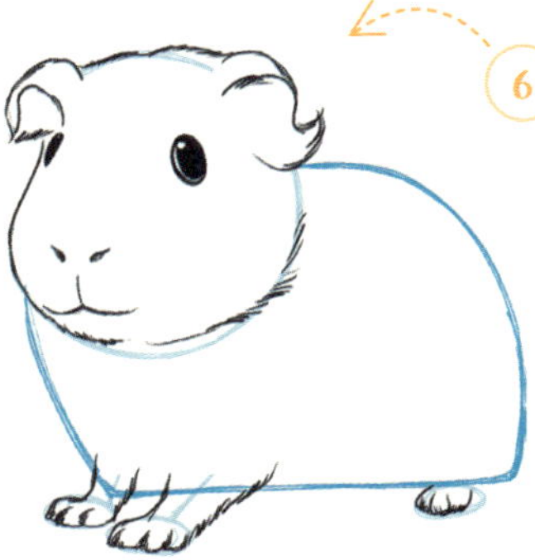

6 Haga el contorno de la cabeza también con trazos cortos. Debajo, agregue las tres patas.

7 Termine de dibujar el contorno del cuerpo haciendo trazos algo más largos para crear un pelaje más largo.

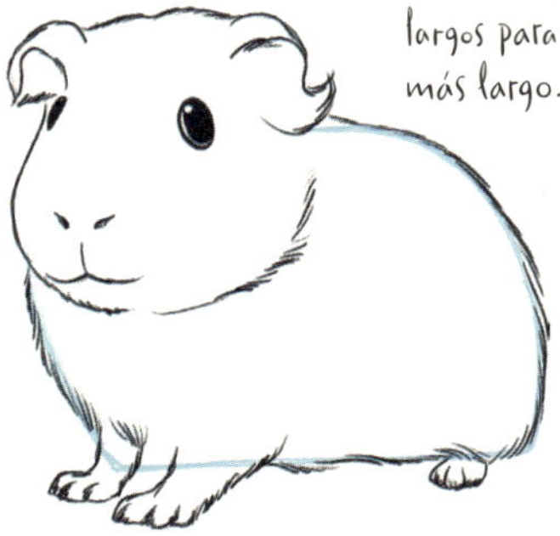

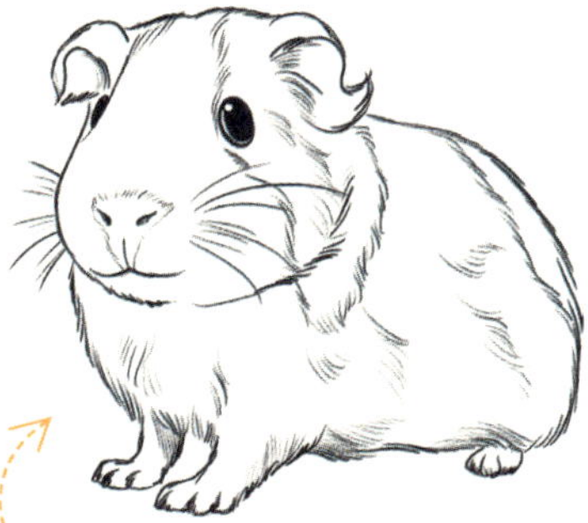

8 Añada más trazos por todo el pelaje y luego esboce los finos bigotes. Comience a sombrear el dibujo.

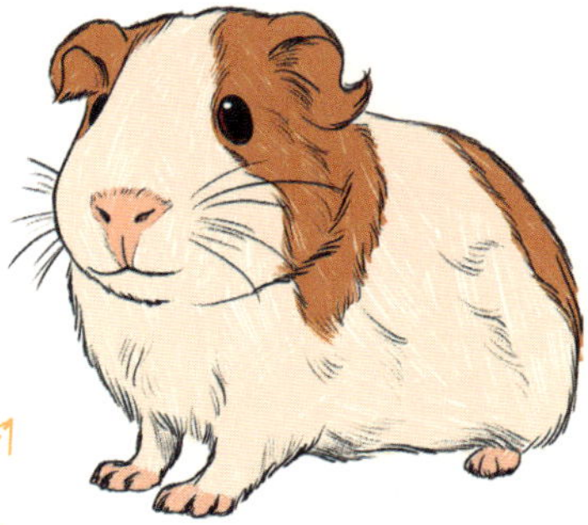

9 Pinte el cuerpo de color marrón claro con manchas en un tono marrón arena. Haga la nariz y los deditos rosas.

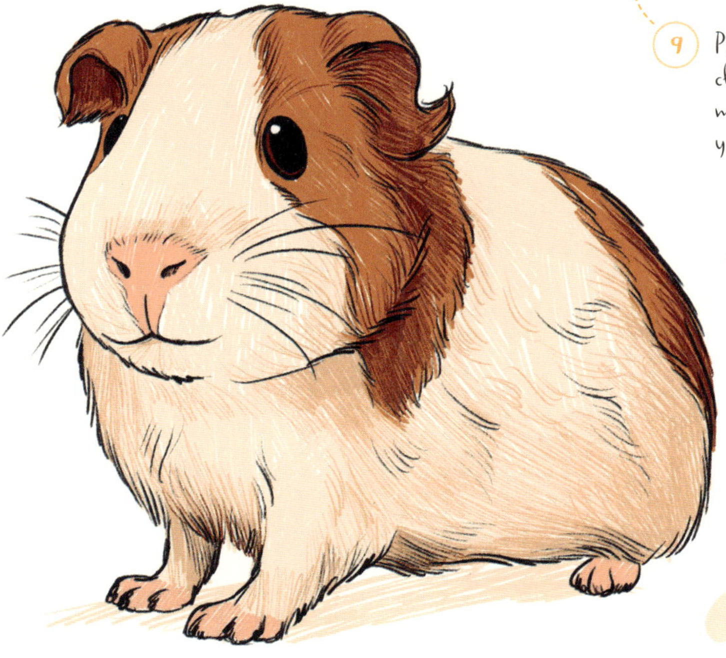

10 Por último, agregue unos trazos más oscuros en las zonas que quedan a la sombra y pinte el suelo en un tono marrón arena.

Patito

Los suaves pollitos, uno de los animales preferidos de los niños, son sin duda un clásico ejemplo de animalito adorable.

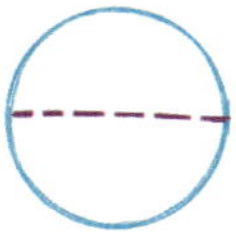

1 Esboce la cabeza con un círculo. Divídalo por la mitad con una línea horizontal discontinua.

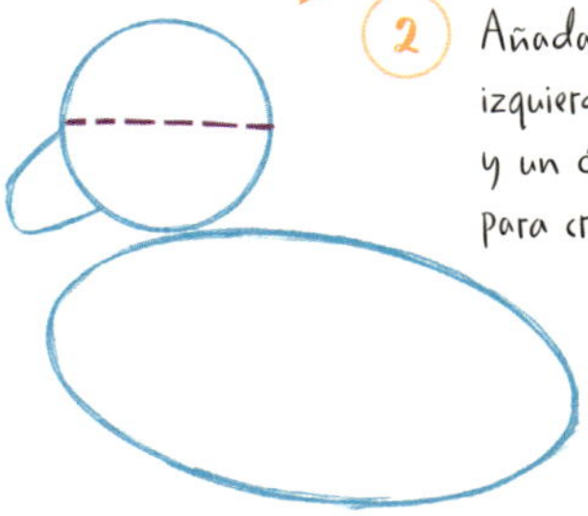

2 Añada una «U» a la izquierda para formar el pico y un óvalo grande debajo para crear el cuerpo.

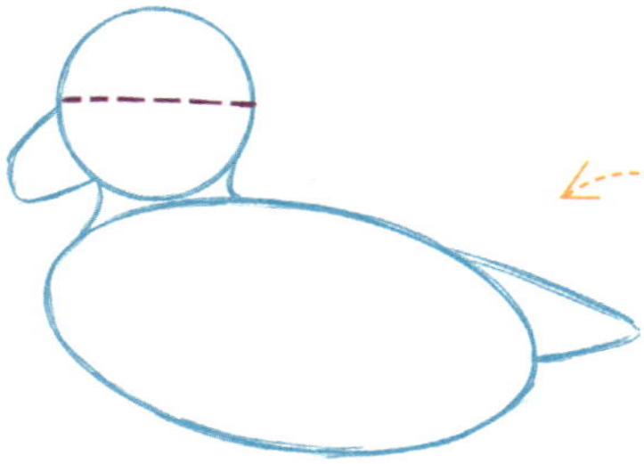

3 Para hacer el cuello, junte la cabeza y el cuerpo con dos líneas curvas. Añada una «V» a la derecha para esbozar las plumas de la cola.

4 Haga las dos líneas guía de las patas, con tres trazos cortos en el extremo de cada una. Trace una larga línea horizontal que atraviese el cuerpo: será la línea del agua.

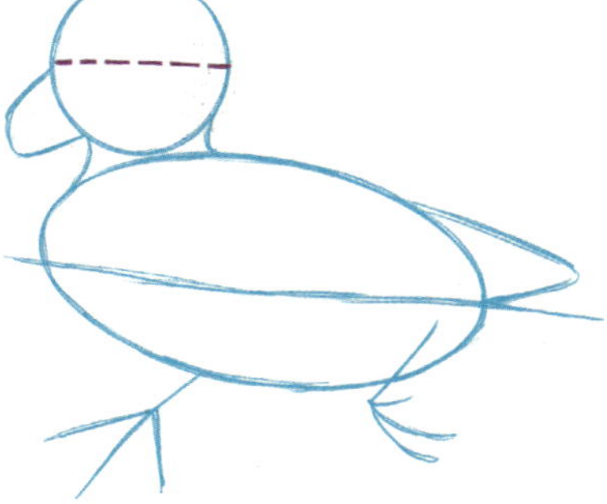

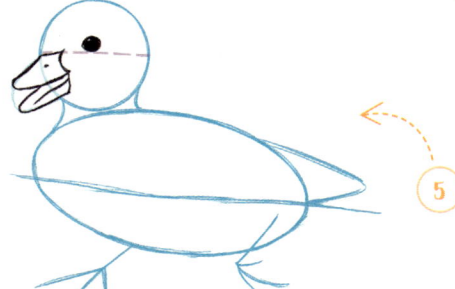

5 Dibuje el ojo sobre la línea discontinua. Haga el pico por debajo. Pinte el ojo de color negro, dejando en blanco un diminuto reflejo circular.

120

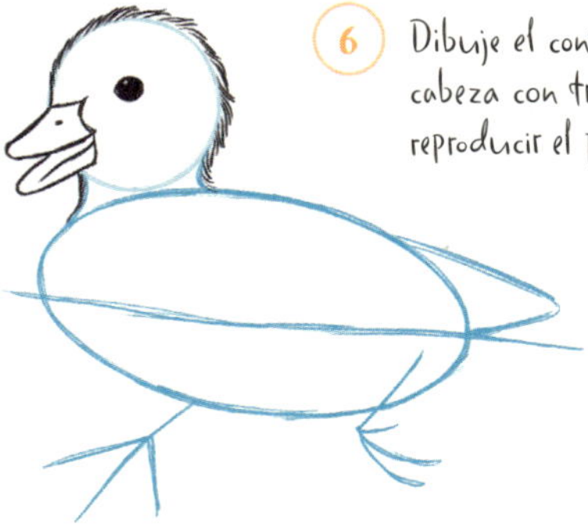

6 Dibuje el contorno de la cabeza con trozos cortos para reproducir el plumaje.

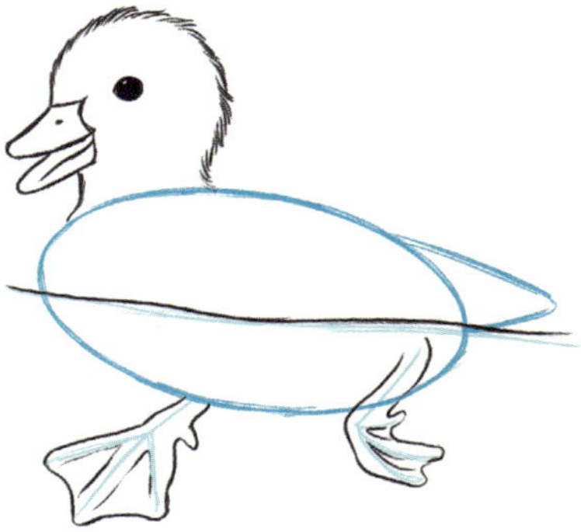

7 Siguiendo las guías, trace las patas con los dedos palmeados. Dibuje la línea del agua que atraviesa el cuerpo del patito.

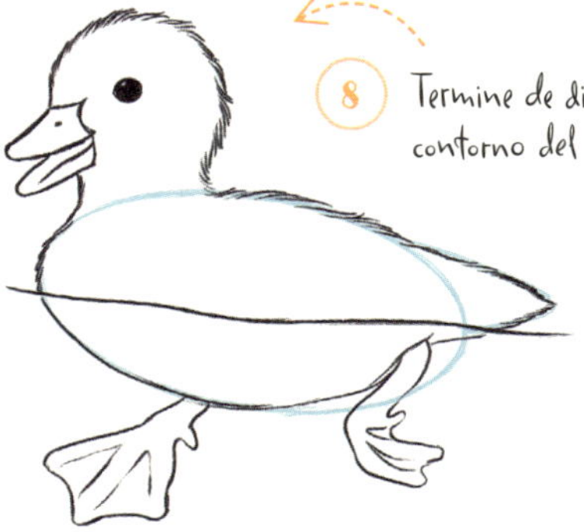

8 Termine de dibujar el contorno del cuerpo.

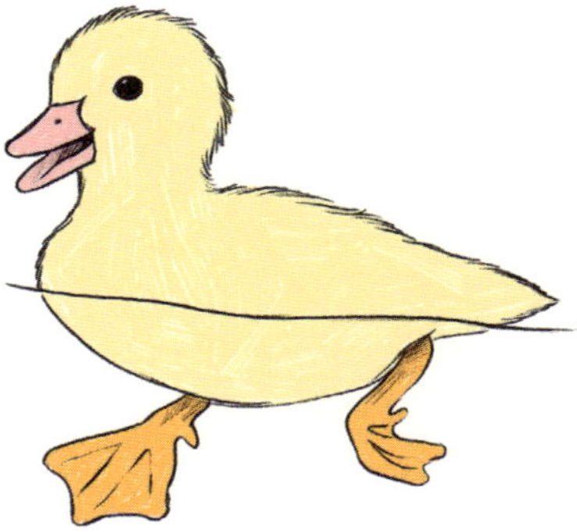

9 Pinte el cuerpo en un tono amarillo pálido. Haga el pico rosa y las patas naranjas.

10 Agregue unos trazos más oscuros para darle volumen. Por último, añada unos trazos azules para crear el agua de debajo.

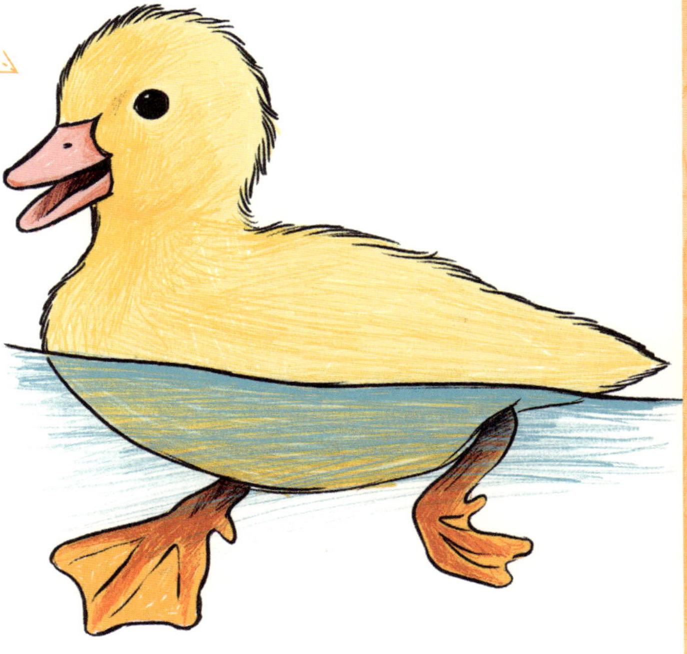

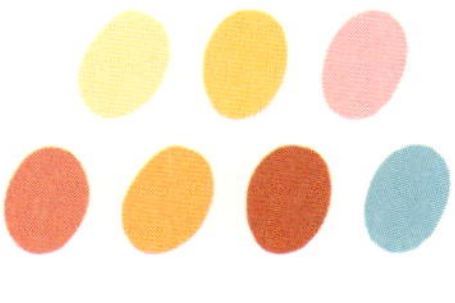

Hámster

Los hámsters se ponen de pie para vigilar y escuchar cualquier señal de peligro, con las orejas en alerta para captar el mínimo sonido.

1 Esboce la cabeza con un círculo. Divídalo por la mitad con una línea discontinua. Debajo de la línea discontinua, superpuesto al borde derecho del círculo, añada el pequeño círculo guía del hocico.

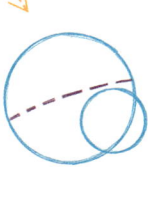

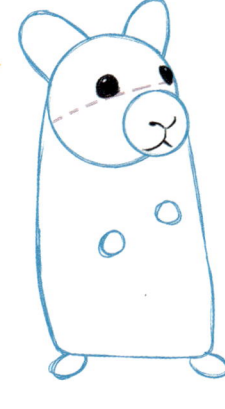

2 Encima de la cabeza, trace las orejas con dos arcos. Debido a la perspectiva, una debe ser más pequeña que la otra.

3 Para esbozar el cuerpo, añada una forma rectangular debajo de la cabeza. Para situar las dos patitas delanteras, trace dos círculos en el centro del cuerpo. Debajo, haga las patitas traseras con dos óvalos.

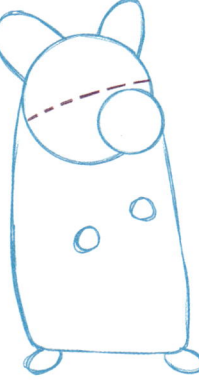

4 Sobre la línea discontinua, dibuje los ojos negros, dejando en blanco los reflejos circulares. Haga la nariz y la boca dentro del círculo guía del hocico.

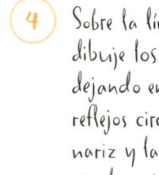

5 Dibuje el pelaje del contorno de las orejas con trazos cortos y rápidos. Tomando el círculo guía más pequeño como referencia, agregue dos líneas curvas para delimitar el hocico.

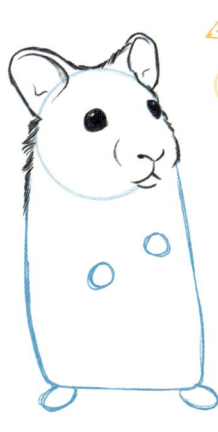

6 Añada los detalles de las orejas. A lo largo del cuello, dibuje un pelaje más largo.

7 Agregue las cuatro patitas, haciendo los dedos con diminutas líneas curvas.

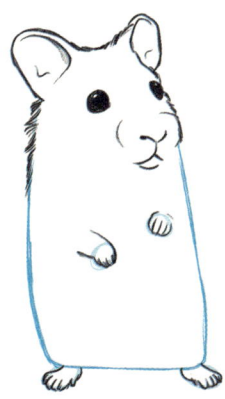

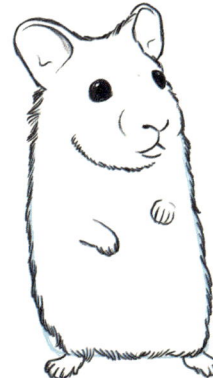

8 Termine de dibujar el contorno del cuerpo. Haga el pelaje de la barbilla dándole forma de línea curva.

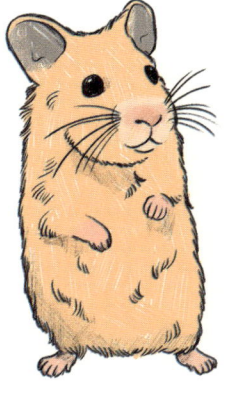

9 Pinte el cuerpo de color marrón claro. Haga la nariz rosa y el interior de las orejas en un tono gris.

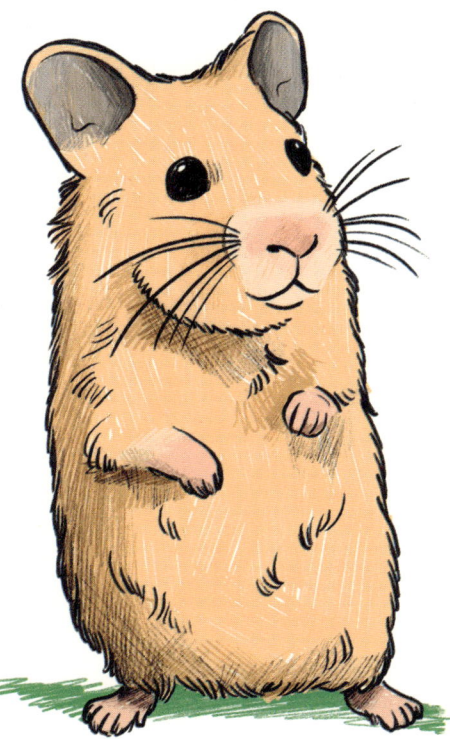

10 Agregue unos trazos más oscuros en las zonas que quedan a la sombra. Por último, a modo de suelo, haga unos trazos verdes debajo del hámster.

Perrito

¿Hay algo más mono que un perrito labrador de color chocolate
que gira la cabeza para lanzar una mirada ingenua y curiosa?

1 Esboce la cabeza con un círculo. Añada una «U» a la izquierda para crear el hocico.

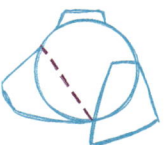

2 Trace una línea discontinua que atraviese la mitad inferior izquierda del círculo: le ayudará a colocar los ojos. Esboce la forma de las orejas. De una oreja solo es visible la parte superior.

3 Para formar el cuerpo, trace una «U» debajo de la cabeza.

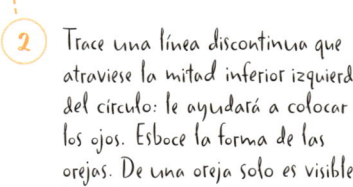

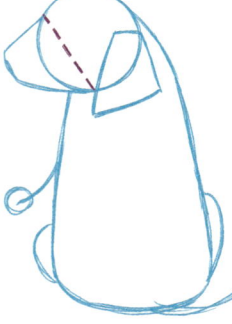

4 Agregue la línea guía de la pata delantera con un círculo en el extremo y luego esboce la parte superior de las patas traseras y la cola.

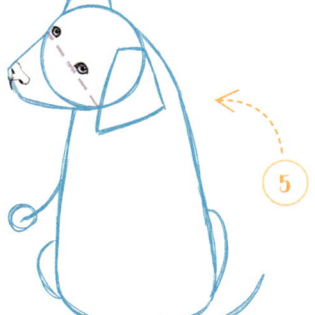

5 Dibuje los ojos en el lado derecho de la línea discontinua. Pinte las pequeñas pupilas de color negro, dejando en blanco un diminuto reflejo circular. Haga la nariz pegada a la línea guía.

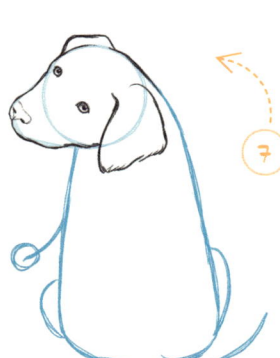

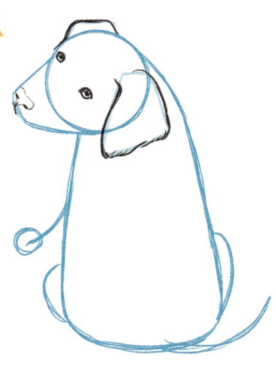

(6) Dibuje el pelaje del contorno de las orejas con una serie de trazos cortos.

(7) Trace del mismo modo el contorno de la cabeza y de la barbilla.

(8) Termine de dibujar el contorno del cuerpo y de la cola haciendo los trazos más largos para crear el pelaje más largo.

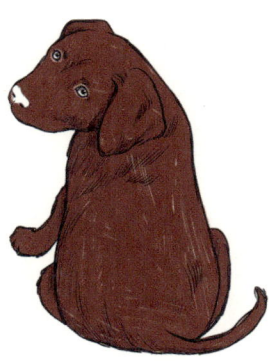

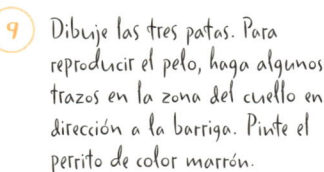

125

(9) Dibuje las tres patas. Para reproducir el pelo, haga algunos trazos en la zona del cuello en dirección a la barriga. Pinte el perrito de color marrón.

(10) Utilice un tono rosa para colorear la nariz y el contorno de los ojos y luego pinte los ojos de color verde claro. Por último, agregue unos trazos más oscuros para dar volumen al cuerpo y luego pinte un poco el suelo.

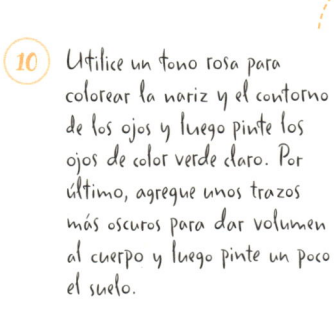

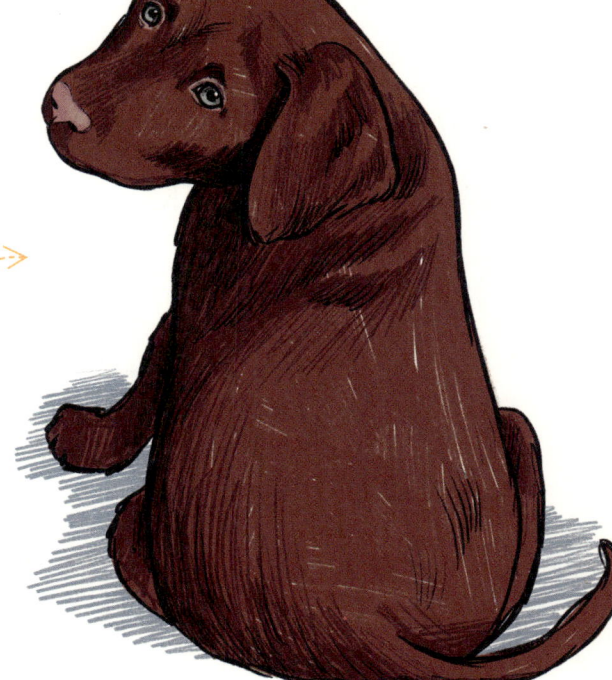

Burro

¡Este burrito tiene ganas de jugar! Si comienza el boceto por la cabeza y los hombros y termina por las patas, le resultará fácil dibujarlo.

1 Esboce la cabeza con un óvalo. Divídalo por la mitad con una línea horizontal discontinua. Encima de la cabeza, trace las dos formas alargadas de las orejas.

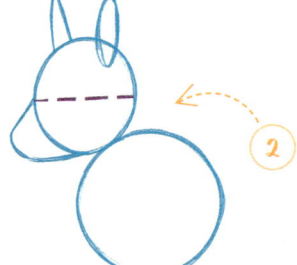

2 Añada una «U» a la izquierda para crear el hocico. Para esbozar los hombros, trace otro círculo más grande abajo a la derecha.

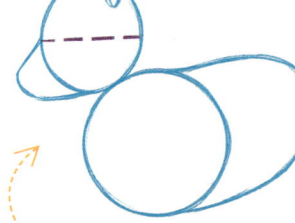

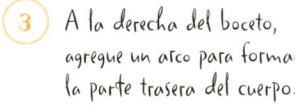

3 A la derecha del boceto, agregue un arco para formar la parte trasera del cuerpo.

4 Forme el cuello uniendo los dos círculos con líneas curvas. Agregue las líneas guía de las patas y la cola, haciendo las rodillas y los tobillos con círculos y las pezuñas con triángulos.

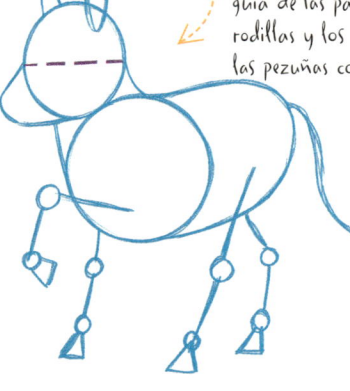

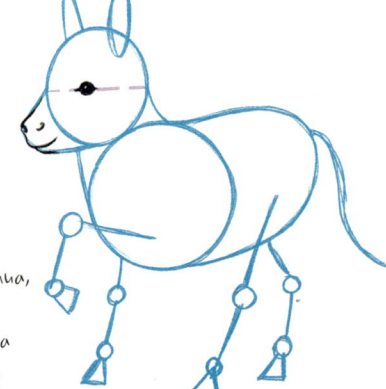

5 Dibuje el ojo negro en la línea discontinua, dejando en blanco un diminuto reflejo circular. Trace el contorno del hocico y la línea de la boca tomando la guía como referencia. Añada los dos orificios nasales.

6 Haga el pelaje del contorno de la cabeza y de las orejas con una serie de trazos cortos. Agregue algunos pelos en las aberturas de las orejas.

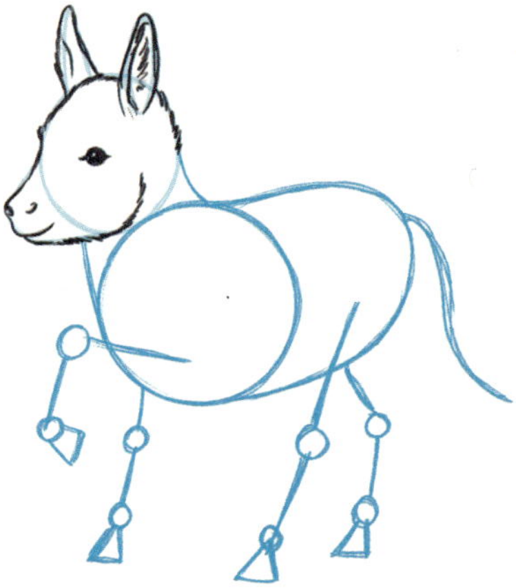

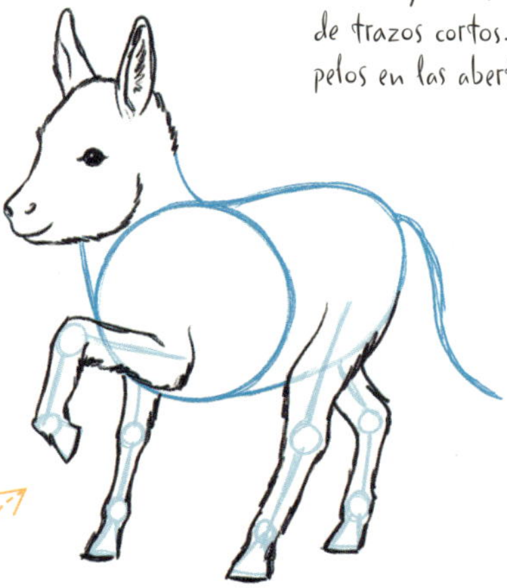

7 A continuación, trace las patas.

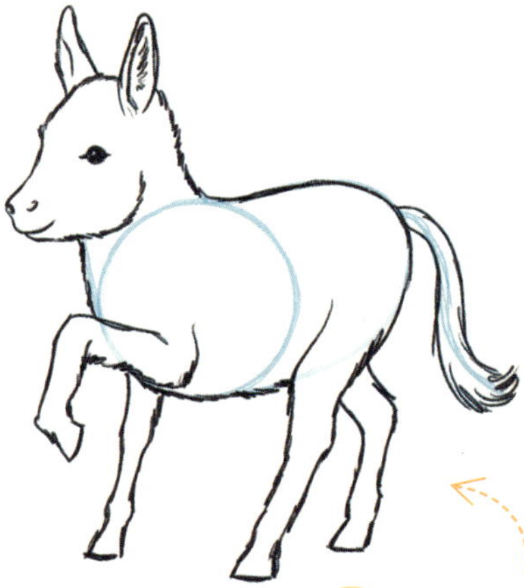

8 Termine de dibujar el contorno del cuerpo. Haga la cola con líneas largas y curvas.

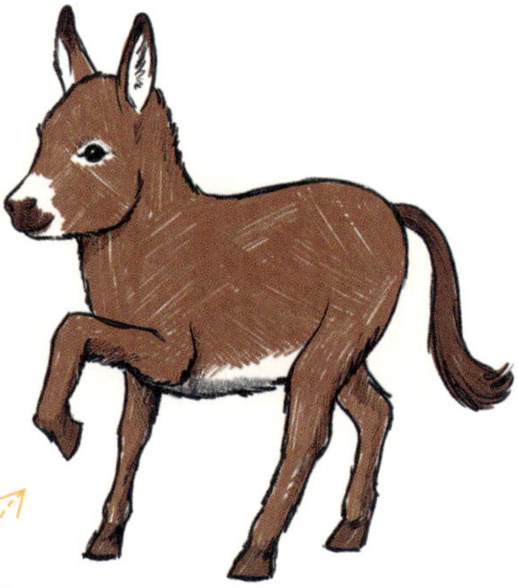

9 Pinte el cuerpo de color marrón, dejando en blanco el hocico, la barriga y el interior de las orejas. Utilice un marrón más oscuro para colorear la cola y las pezuñas. Sombree el dibujo.

10 Por último, agregue unos trazos más oscuros para dar volumen al cuerpo y, debajo, pinte un poco de hierba verde.

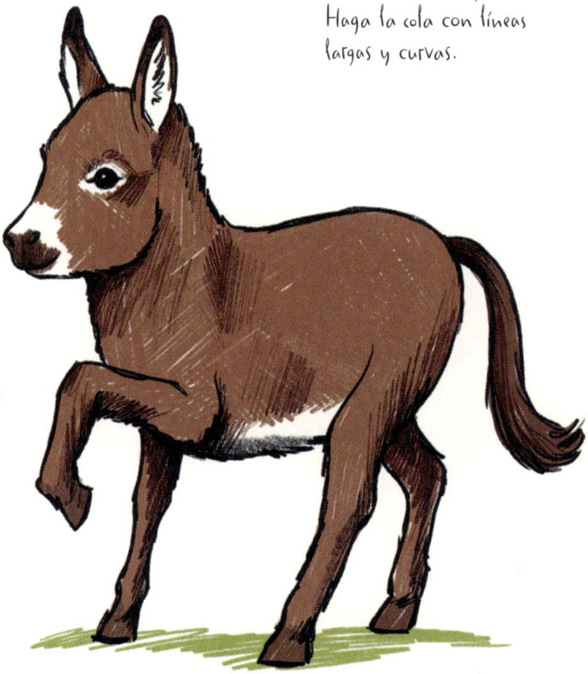

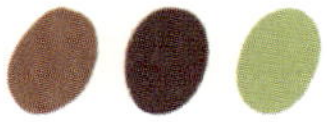

Acerca de la artista

La ilustradora, diseñadora y guionista gráfica Justine Lecouffe vive en Londres, Reino Unido. Trabaja principalmente en los ámbitos de la ilustración digital y el diseño gráfico, aunque ha hecho alguna incursión en el mundo de la animación. Su obra trata a menudo temas como la feminidad, la belleza y la naturaleza, lo que la convierte en una opción ideal para clientes del sector de la moda, la joyería y la cosmética. Aunque está especializada en ilustración y diseño, tiene una larga y ambiciosa lista de estilos y géneros que le gustaría dominar. Cuando no dibuja, le gusta cocinar, pasear en bici por Londres, tomar fotos analógicas o sencillamente ver memes de perros y gatos.

Si le apetece saber más acerca de Justine o ver otras obras suyas, visite la cuenta de Instagram @justine_lcf.

Agradecimientos

Muchas gracias a los lectores de los títulos previos de la serie *Dibujar en 10 pasos*: *Personas*, *Objetos cotidianos*, *Gatos*, *Perros*, *Caballos y ponis* y *Caras*, por sus comentarios tan positivos. Han sido un estímulo maravilloso que me ha animado a seguir dibujando para crear este séptimo título. Me encanta ver vuestros dibujos, así que podéis seguir mandándomelos a través de Instagram.

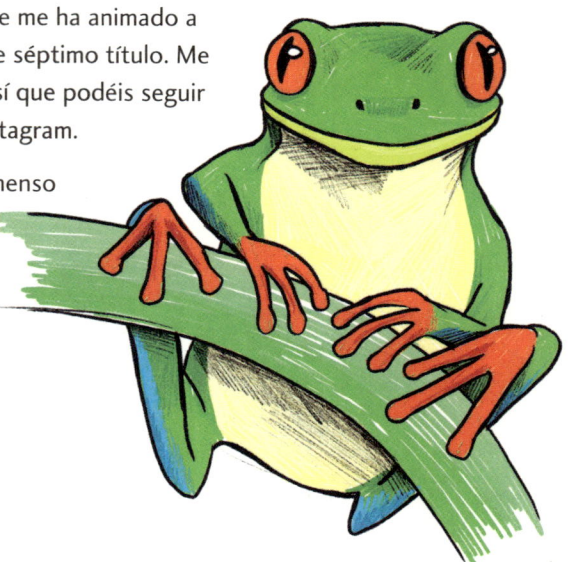

También quisiera reiterar mi inmenso agradecimiento al equipo de The Bright Press por ofrecerme otra fantástica oportunidad y su extraordinario apoyo a lo largo de todo el proyecto.